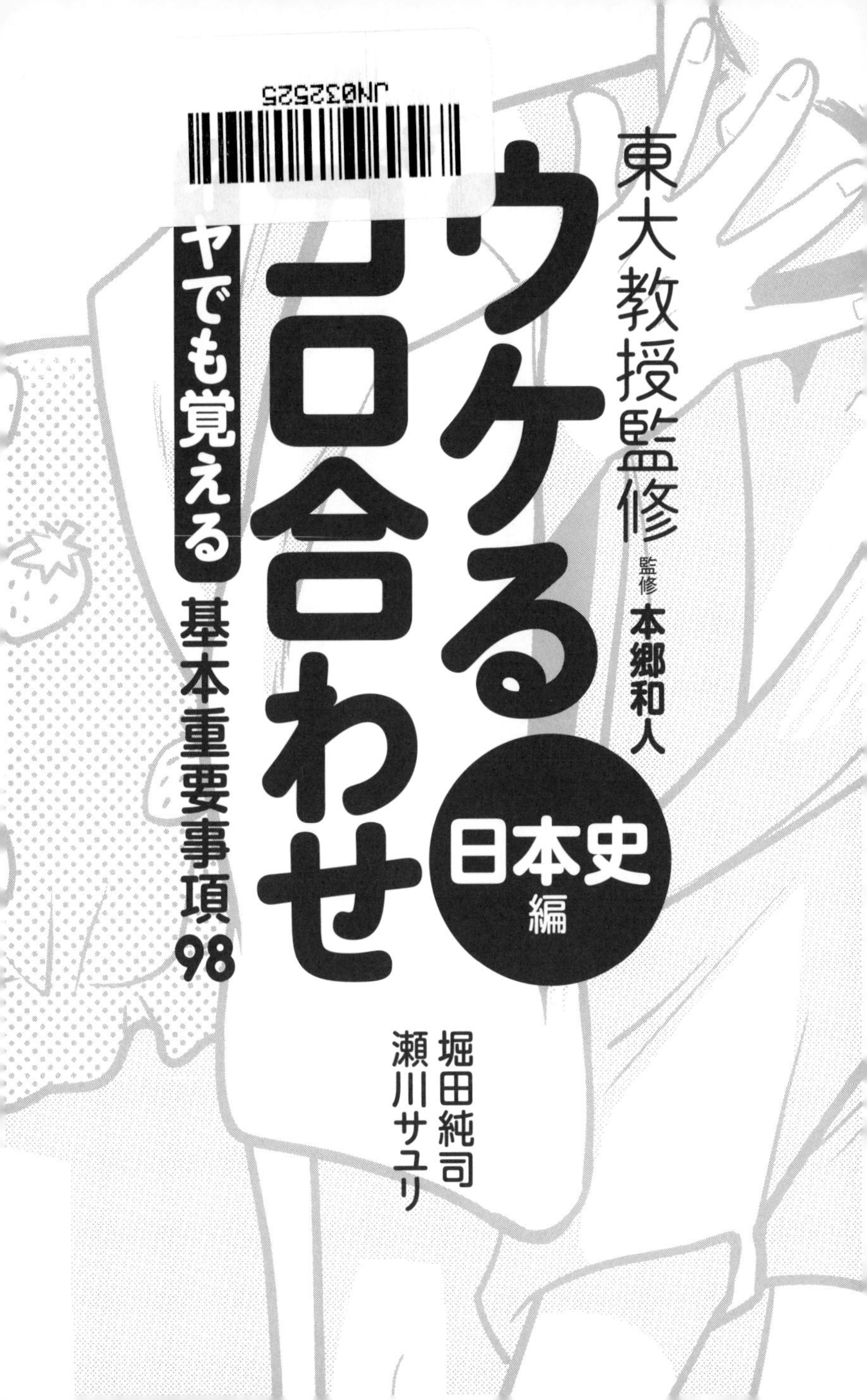

東大教授監修

監修 本郷和人

ウケるゴロ合わせ

日本史編

イヤでも覚える基本重要事項98

堀田純司

瀬川サユリ

この本のねらい

894年、遣唐使中止。

これは「吐くよゲロゲロ遣唐使」とおぼえたほうが、当時の「命がけで中国に行く苦労」が伝わってきますよね。

1167年、平清盛が太政大臣になる。

こちらを「いいムナゲの清盛さん」とおぼえることで、清盛という人がどんな人物だったのか、想像力が刺激されたものでした。

数字だけがひとり歩きした、無味乾燥な歴史はつまらないものです。つまらないとなかなかおぼえられません。だからこの本では「物語」のちからを借りて、日本史のトピックを「いいムナゲ」式の語呂合わせでおつたえしていきます。

歴史の流れとは、つまり「物語」です。

たとえば今、教科書では１１８５年に鎌倉幕府ができたということになっている。この１１８５年は、源義経の攻撃によって平家が滅んだ年でもあります。この平家の滅亡と、鎌倉幕府の成立というふたつの事件は直接にはつながりません。ではその間に、なにが起こっていたのでしょうか。

義経が「平家を滅ぼす」という大きな功績をあげた。それを利用しようとしたのが後白河上皇。上皇は義経に源頼朝の追討を命じます。

しかし源頼朝は、それでやられてしまうようなタマではありませんでした。逆に１０００人の兵を京に送り、後白河上皇をおどします。

おどされた後白河上皇は「追討の命令をなかったことにする」ほかありませんでした。しかも日本全国に守護、地頭を設置することを頼朝に許してしまいます。この「守護と地頭の設置」によって「鎌倉幕府が成立した」と見なされているわけです。

こうした「物語」があってはじめて「平家の滅亡」から「鎌倉幕府の成立」への流れが理解できる。だから歴史を知る上で「物語」はひじょうにだいじなのです。

実際のところ、平清盛にムナゲがどのように生えていたのか、これはわかりません。すごかったのかもしれないし、ぜんぜんだったのかもしれない。しかしムナゲが生えている清盛を想像すると、おもしろい。そんなふうに物語的な想像力をともなうことで、歴史がおもしろくなって、おぼえやすくなったらいいなと思っています。

僕だってそんなふうに歴史を覚えたものでした。

本郷和人

本書の語呂合わせは、基本的に
こちらのルールで構成されています

0	れ,れい(零) まる ゼロ お,を(アルファベットのOから連想)
1	いち い ひ,び(ひとつ) ワン(one) ピン(ピン芸人のピン) ファースト(First)
2	に ふ,ぷ(ふたつ) つ,ツー(two)
3	さん さ,ざ み(みっつ)
4	よ し,じ
5	ご,こ
6	ろ む(むっつ)
7	な
8	は,ば,ぱ や(やっつ)
9	きゅう く
10	じゅう と

333	トリプルスリー
1 9	ナイチンゲール(nineteen →ナイチン) じゅうぐ(じゅうく)

＊たとえば元寇のように、ひとつの見開きにふたつセットで年号が入っているページもあります。

＊また同じ年号にふたつ語呂合わせが入っている場合もありますが、こちらは自分のフィーリングがあうほうの語呂合わせで覚えてもらえたらうれしいです。

東大教授監修

ウケるゴロ合わせ 日本史編

イヤでも覚える 基本重要事項98

古墳時代から奈良時代へ
前方後円墳から、古代律令国家への道

縄文時代を経て
弥生時代に入り
日本の歴史が
スタートします
古代
日本の玄関口は
大陸との交通に
べんりな
北九州
この九州や
近畿地方
出雲、岡山
そして関東、東北など
日本列島の各地には
いろんなクニ(国)が
生まれていた
ことでしょう
その中には
当時、最先端の文明国
中国に使節を送る
勢力もありました
3世紀の邪馬台国や伊都国
5世紀の「倭の五王」のように
中国側の歴史書にも古代日本の
国が出てきます
中国では
6世紀に隋
7世紀に唐という
世界帝国が成立する
こうした東アジアの激動は
日本史にも大きな影響を
与えていくことになります
日本では
大和(奈良県)地方を
中心に
「ヤマト政権」が成立
各地の勢力を
平定していきます
ただ
激しいバトルの連続で
各地の豪族を
征服していった
わけではなさそうです

実は、海に囲まれた日本の歴史の特徴は「穏やかなこと」
Love and Peace
古事記の記述でもタケミカヅチノカミという神様が日本の地を「言向け和平した」と報告しています
この「言向《ことむ》け」とは言葉で説得すること
おそらくヤマト政権による支配も
こんな古墳をつくる人たちスゲー！
ピカピカの鏡スゲー！従います！
といった感じで進められたのではないでしょうか？
しかしもちろん争いがゼロということはありません
「天皇(*)を中心に国をつくる」そのプロセスの中で史上空前の陰謀劇が幕を開けます
「乙巳《いっし》の変」
中大兄皇子《なかのおおえのおうじ》が中臣鎌足《なかとみのかまたり》と手を組み「力を持ちすぎた豪族」蘇我一族を葬り去った政変です
どんな国をつくるのか？
陰謀とバトルを経て日本は古代統一国家「律令国家」への道を歩んでいきます

＊当時はまだ大王《おおきみ》

＊歴史上の事件＊

239年

邪馬台国の卑弥呼《ひみこ》、魏に遣いを送る

⑨ クイーン卑弥呼の使節来た

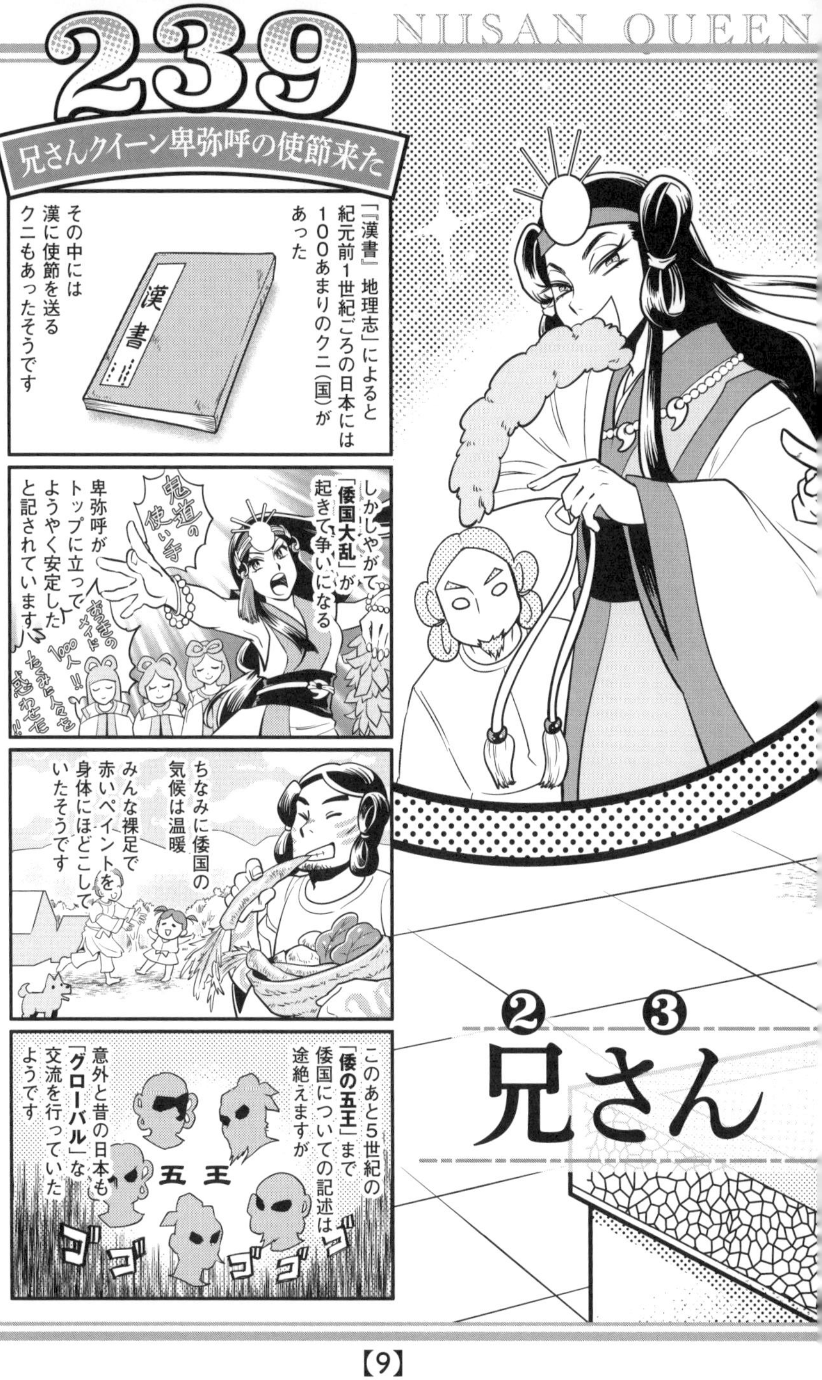
NIISAN QUEEN
239
兄さんクイーン卑弥呼の使節来た
「『漢書』地理志」によると
紀元前1世紀ごろの日本には
100あまりのクニ（国）が
あった
漢書
その中には
漢に使節を送る
クニもあったそうです
しかしやがて
「倭国大乱」が
起きて争いになる
鬼道の使い手
卑弥呼が
トップに立って
ようやく安定した
と記されています
お世話のメイド
1000人!!
ちなみに倭国の
気候は温暖
みんな裸足で
赤いペイントを
身体にほどこして
いたそうです
このあと5世紀の
「倭の五王」まで
倭国についての記述は
途絶えますが
意外と昔の日本も
「グローバル」な
交流を行っていた
ようです
五王
ゴゴゴゴ
②③
兄さん

仏教伝来!
ゴ《⑤》ッドも参《③》拝《⑧》!!

仏教伝来！ゴッドも参拝!!

＊552年説もあります

＊歴史上の事件＊
538年
仏教伝来

538年（＊）百済の聖明王の使節が欽明天皇（大王）に美しい釈迦如来像を贈ってくれたそうです
それを見た天皇の感動が「日本書紀」にこう記されています
仏の相貌《かお》端《きら》厳《ぎら》し！
うおおおん
訳 仏さまのお顔は、なんてキラキラしているんだ！
仏教は当時の最先端カルチャーを感じさせた
イケてるよね？みんなはどう思う？
敬う？敬わない？
地元の神さまを大切にしないと！
そんな反対意見もありましたが
インドで生まれた釈迦の教えは日本でも広まっていくことになります

⑤⑨③ 国民みんなで仏を拝もう！

593

国民みんなで仏を拝もう!

＊歴史上の事件＊

593年

a.k.a 聖徳太子

厩戸王、四天王寺を建立

587年
崇仏派と排仏派のあいだでバトルが起こりました
仏教フォロワー
（崇仏派）
VS
仏教アンチ
（排仏派）
それが「丁未《ていび》の乱」!!
仏教フォロワー代表が蘇我馬子《そがのうまこ》
アンチの中心は物部守屋《もののべのもりや》
この対立は豪族同士の勢力争いでもありました
神様を大事に
仏を拝もう
この戦いのさなか厩戸王《うまやとおう》（聖徳太子）が
崇仏派が勝ったらお寺を建てます
と誓った
それで建てられたお寺が今も大阪にある四天王寺だと伝えられます
594年 推古天皇が「三宝興隆の詔《みことのり》」を出す
これで仏教受け入れが「既定路線」となった
Winner SOGA
仏教フォロワー代表の蘇我氏が朝廷の権力を握っていきます

600

遣隋使 ムフフまるまる教えてね

＊歴史上の事件＊

600年

遣隋使を派遣

実は600年の遣隋使については「日本書紀」にその記録が残されていないのです
600？
607？
そのためむかしは607年の使節が「最初《ファースト》の遣隋使」とされていました
どうやら600年の使節は
君の国ではどんな政治やってるの？
皇帝の質問に答えられず恥をかいて戻ってきたらしい
えっと…
あの…
その…
そのあと「冠位十二階の制定」「憲法十七条の制定」など
なんだか大急ぎの感じで制度を整えて
十七条
あらためて607年に小野妹子が中国に渡りました
「日本書紀」では
最初の使節は「なかったこと」にせよ……
カッコ悪いですもんね

遣隋使

⑥00 ムフフまるまる教えてね

＊歴史上の事件＊
604年
憲法十七条制定

604

初憲法、17条をむっちゃ推し

この7世紀の最初のころ
朝廷は
急ピッチで
国の制度を整えています
日本初の憲法「憲法十七条」も
この時期につくられました
その内容は
第1条　和をもって貴しとなす
第2条　仏教を敬うこと
第3条　大王のいうことに従うように
第4条　群臣や役人は礼を基本に
第8条　群臣や役人は朝早く出勤し遅く帰るように
……
第10条　怒りをすてよ　人が違うことをしても怒るな
第14条　嫉妬はするな
うへぇ〜〜〜…

初憲法、17条をむっちゃ推し

6 0《お》 4

遣唐使ロ《⑥》ミ《③》オ《⓪》になって会いにいく

遣唐使 ロミオになって会いにいく

＊歴史上の事件＊

630年 遣唐使を派遣

589年
隋が中国を統一し
およそ300年ぶりの
統一王朝が出現
日本はこの隋に
学ぼうとして
使節を送りましたが
隋は2代煬帝《ようだい》が
殺されて滅亡
隋
文帝(541-604)
かわって618年に
成立したのが唐
唐は広大な地域と
多くの民族を支配する
「世界帝国」となります
唐
高祖(566-635)
唐はスゴイ国です
ぜひ我が国も
あの国に学び
ましょう
グローバル
交流じゃな
恵日
唐で勉強した
「留学帰り」の
人材は
いろんな分野で
日本の国づくりを
引っ張っていくことに
なります

(注)ロミオとはウィリアム・シェイクスピアの戯曲「ロミオとジュリエット」の主人公。舞台はイタリア。若いふたりが出会い、恋に落ちる。しかし彼らの家はそれぞれ教皇派(ゲルフ)、皇帝派(ギベリン)として対立していた。

645

むっちゃシゴかれ、蘇我氏は退場

＊歴史上の事件＊

645年

乙巳《いっし》の変

「大化の改新」が
はじまる

蘇我入鹿《そがのいるか》を抹殺し
蘇我一族を没落させた
日本史上最大の陰謀劇
それが……
「乙巳《いっし》の変《へん》」
中大兄皇子
（のちの天智天皇）
中臣鎌足
（のちの藤原氏の始祖）
実行犯
その背景には
世界帝国「唐」の
成立を受けて
「国際情勢に
どう対応するか？」
という政策の対立が
あったといわれます
中大兄皇子自身は
豪族の力を奪って
日本を強力な
統一国家にしないと
危ないぞ……
と考えていたことでしょう
翌646年
「改新の詔《みことのり》」が出される
日本は天皇を中心にした
中央集権国家への
道を歩みはじめます
孝徳天皇
しかし
その道のりは遠く
まだまだ大波乱が
続きます

む⑥っちゃシ④ゴ⑤かれ、蘇我氏は退場

白村江、❻❻❸ ムリムリみんな逃げようぜ！

663

HAKUSONKO MU

白村江、ムリムリみんな逃げようぜ！

「白村江の戦い」
その発端は
唐と新羅によって
百済が滅ぼされたこと
新羅
百済
その百済の遺臣が
朝廷に来て
兵を出すように訴えた
これに乗ったのが
斉明天皇や中大兄皇子ら
朝廷の首脳陣
朝廷も半島南部に
利権を持っていました
だからその動きは
無関係ではなかったのです
それで総力をあげて
出兵しますが
結果は
唐&新羅連合軍に
ボロ負け
なぜ
このような戦争を
やったのか？
…
まさか
「外国の脅威をアオることで
国内をひとつに
まとめあげようとした」
のでは？
中大兄皇子は
「乙巳の変」を成功させ
「中央集権」を進めた人
この人物ならやりかねない
中央集権!!
そんな想像をしたくなる
ところがあります

＊歴史上の事件＊
663年
白《はく》村《そん》江《こう》の戦い

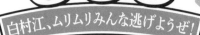

⑥⑦② ムナゲに負けた壬申の乱

672

ムナゲに負けた壬申の乱

歴史上の事件

672年 壬申《じんしん》の乱

天智天皇（a・k・a 中大兄皇子）は
671年に亡くなります
後継者は息子の
大友皇子《おおとものみこ》でした
!?
しかし吉野に
引退していたはずの
大海人皇子《おおあまのみこ》（こちらは
天智天皇の弟）が挙兵
古代最大の内乱
「壬申の乱」の
開幕です
まだ若い大友皇子は
東国の兵を率いる
大海人皇子に敗北
自殺することに
Win
大海人皇子は即位して
天武天皇となります
天智天皇と
天武天皇
その妻の
持統天皇（＊）
この3人の時代に
「天皇」という称号や
日本という国号が
定められたとされます
「日本国の原型」が
つくられた
めちゃくちゃ
重要な時代です
天智
天武
持統

持統天皇

＊この人は天智天皇の娘でもあります

694

＊歴史上の事件＊

694年
藤原京遷都

むりくりよろしく 藤原遷都

天智天皇が「蘇我氏抹殺」の大陰謀を成功させた「善悪の彼岸に立つ帝王」とすれば
その弟の天武天皇は戦場で勝利をつかんだ勇将
政治の中心は軍事じゃ
兄の子を敗北させた天武天皇ですが政策は兄を引き継ぐ
豪族の土地を朝廷に集め中央集権を進めます
また歴史の編纂や法律の制定など多くの事業をはじめてもいます
飛鳥浄御《きよみ》原宮《はらのみや》から藤原京への遷都もその事業のひとつ
藤原京は平城京が造営されるまで首都になりました
天武天皇の没後その事業は妻の持統天皇に受け継がれます
安全第一
藤原京

む《⑥》りく《⑨》りよ《④》ろしく
藤原遷都

701 なあおい、守れよ。大宝律令

701

NAAOI MAMO

なぁおい、守れよ。大宝律令

＊歴史上の事件＊

701年

大宝《たいほう》律令《りつりょう》制定

大宝元年の701年「大宝律令」が制定されました(＊)
これは唐の律令をモデルにつくられた日本の法律です
この大宝律令ができたことで
「天皇がトップに立ちきちんと法律に則って運営される」
という「国のかたち」がひととおり完成することになりました
朝廷の官位や武蔵 伊勢 山城といった当時の行政区分もこの律令で定められました
もっとも朝廷の統治がほんとうに全国すみずみまで行き渡ったかどうかはあやしい
正直あくまで「努力目標」という感じもあります
とはいえ歴史上「律令国家」と呼ばれるかたちがここでほぼほぼ完成したわけで
これでウチらも文明国！
持統天皇や制定を主導した藤原《ふじわら》不比等《ふひと》(＊)たちは感無量だったことでしょう

＊ちなみに大宝以前の元号はあったりなかったり。この大宝から現代の令和まで途切れず定められるようになります。

＊あの中臣鎌足の次男

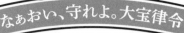

710

南都と呼ばれる平城京

南都と呼ばれる平城京

＊歴史上の事件＊

710年 平城京遷都

710年
元明天皇が
藤原京から
平城京に遷都
のちに長岡京に
遷都するまでが
「奈良時代」
遷都したのちの奈良は
「南都」と呼ばれました
平城京の
人口は10万人と
いわれます
この都を中心に
東海道や山陽道などの
官道が整備されました
そして各地の国衙《こくが》
（今でいえば県庁）に
国司（今でいえば県知事）が
派遣される
7世紀から
8世紀にかけて
都から遠い出羽や陸奥
南九州の薩摩や大隅にも
拠点が置かれて
朝廷の統治が広がります

そんたく、古事記編纂
稗田阿礼
歴史上の事件
712年
古事記編纂

712 ナイーブそんたく、古事記編纂

国内の絆を強くし
外国に向けて存在を
アピールしていくために
だいじなもの
それは
国の歴史《ヒストリー》!!
ということで
天武天皇のときに
国史編纂事業が
はじまりました
HISTORY
といっても
これは時間がかかる
現代の宮内庁が編纂した
「昭和天皇実録」も
刊行まで24年かかりました
ズラ〜〜〜
昭和天皇史
国史の編纂はそれだけの
大事業なのです
「古事記」(*)も
奈良時代になって
ついに完成
稗田阿礼《ひえだのあれ》が読みあげ
それを太安万侶《おおのやすまろ》が
筆録したとされています
この時代まだ
ひらがなもカタカナもなく
日本語の音に漢字を当てる
「万葉仮名」が
使われていました
「八雲立つ」を
「夜久毛多都」と
書く感じです
夜露死苦《よろしく》!

*全3巻。国内読者向けにつくられたといわれています

7 1 2
ナイーブ

720 ナニを書いたの？ 日本書紀

歴史上の事件

720年

朝廷、日本書紀を編纂

720 ナニを書いたの？日本書紀

こちらは
720年完成
最古の朝廷「正史」です
この「日本書紀」(*)と
「古事記」をあわせて
「記紀」と呼びますが
「記紀」では
天照大御神《あまてらすおおみかみ》を中心とした
国の起源のストーリーが
記されています
記(kiki)紀
古事記
日本書紀
「高天原に暮らす
神の孫が九州南部の
高千穂にくだり」
「さらにその子孫が
東に向かって
奈良を征服」
「天皇はその神の
血をうけ継いで
日本を治めている」
天孫降臨
神武東征
天照大御神のモデルは
持統天皇だといわれたり
しますが
こうした神話からは
「天皇と朝廷の統治に
正統性をあたえる」
という政治的な狙いも
チラ見えします
「プロパガンダや
ブランディングも意識して
国史編纂事業を行った」
とすると
当時の政府もなかなか
やりますね

*全30巻。海外読者を意識してつくられたといわれています

な《❼》に《❷》!? 3《❸》代目まで俺のもの!?

723

なに!? 3代目まで俺のもの!?

歴史上の事件
723年
三世一身法《さんぜいっしんほう》発布

ここはテストに出るところですが律令国家の土地制度のたてまえは「公地公民」
全国の土地はすべて天皇のものじゃ！
私有はNG！
戸籍をつくって民の人数を把握しその人数分の田(口分田《くぶんでん》)を配る
この制度を「班田収授《はんでんしゅうじゅ》」と呼びます
やった！田んぼもらえるの？
しかしこのプランもどこまできちんと運用できたか？
そもそも支給する田んぼが足りなかった
722年には「百万町歩開墾計画」が出されますが現実的にムリでした
そこで灌漑施設をつくって田んぼを拓いた人には「子ども 孫 曽孫までの3代自分のものにしていい」(*)という「三世一身法」が出された
これでどこまで民間のモチベーションが上がったでしょうか

*本人 子 孫の三代とも考えられる。

国分寺、名無しの祈りも

❼ ❹ ❶

＊歴史上の事件＊

741年

国分寺建立の詔《みことのり》

全国に国分寺、
国分尼寺を建てる

741

KOKUBUNJI NANA

国分寺、名無しの祈りも届くかな

届くかな

8世紀前半
日本では天然痘が大流行
大物貴族の藤原不比等の
息子4人もみんなこれで
亡くなっています
人口の3分の1が亡くなった
という推定もある
大惨事でした
絶望が世をおおった
ことでしょう
そうした時代に
聖武天皇が
「国分寺建立の詔」を
出しました
全国にお寺を建て
そして仏さまの教えによって
国を守ってもらおう
とする勅令です
「日本の宗教といえば神道」
しかし忘れてはいけないのは
仏教の国でもあったこと
聖武天皇は
日本の仏教化をすすめ
ついには
自分自身も出家して
お坊さんになります
そのあともずっと
皇族や偉い貴族の子弟が
お坊さんになることは
ふつうにあることでした

な《7》ぁ資《4》産《3》やるよ 墾田永年私財法

743 なぁ資産やるよ　墾田永年私財法

歴史上の事件
743年
墾田永年私財法
発布
日本全国すべての土地と人民が天皇に属す「公地公民制」
しかしその運営には限界がありました
全国の住民と田んぼをきちんと把握してね
全住民!?
……
しかも
開墾しても自分の田んぼにならないのかよ
モチベ下がるわ
そこで「三世一身法」が出されましたが天然痘が流行し人口が激減
さらに「墾田永年私財法」が出されました
これにより土地の私有が認められます
自分で開墾した土地は自分のものにしていいです
この政策には「全国の耕地を増やす」というメリットがありました
しかし貴族やお寺が土地をたくさん持つことも可能にしました
東大寺などは原野を切り開き広大な耕地を持ちます
こうした私有地を「初期荘園」と呼びます

Go《⑤》 to《②》 東大寺

奈良だ! Go to 東大寺

7 奈良だ!

奈良時代には天然痘が大流行
740年には九州で「藤原広嗣《ふじわらのひろつぐ》の乱」が起こります
暗く不穏な空気が世の中をおおったことでしょう
仏さまに守ってもらおう
日本は聖武天皇のもとで「仏の国」へと歩みを進める
その最大のトピックが東大寺の大仏建立
工事では聖武天皇も自ら袖に土を入れて運んだそうです
752年には大仏の開眼供養が行われました
「仏教が東に伝わって以来こんな盛大な儀式はなかった」
そういわれるほど盛り上がったそうです
もっとも仏教にかたむきすぎて聖武天皇の娘の孝謙天皇は道鏡というお坊さんに天皇位を譲ろうとする
それで貴族たちを大あわてさせることになるのですが
!!

歴史上の事件
752年
東大寺大仏開眼供養

や《⑧》まし《④》い長岡京

784

なんかやましい 長岡京

奈良時代も
「長屋王の変」
「恵美押勝《えみのおしかつ》（藤原仲麻呂）の乱」
など陰謀やクーデターが
ありました
よほどドロドロした空気
だったのか光仁天皇はわざわざ
光仁天皇
みんな清らかで
正しい心で
仕えるように
という言葉を
残しています
空気を
変えたい
のう……
はあ〜〜
そう思ったのか
光仁天皇の息子
桓武天皇は長岡京への
遷都を決めました
しかし造営を任された
藤原種継が暗殺されたり
疫病や洪水に悩まされたり
長岡京はとにかく
縁起が悪かった
早良親王
桓武天皇
う〜ん
う〜ん
早々とまた
次の平安京に
遷都することに
なりました

＊歴史上の事件＊
784年
長岡京遷都
7
なんか

平安時代
京では文化が花盛り。辺境では武士が覚醒

桓武天皇が平安京（今の京都）に遷都したときから「平安時代」がはじまります
それまでの日本は「中国フォロワー」として大陸の進んだカルチャーや行政のしくみをがんばって取り入れてきましたが平安時代になると
唐も衰退してきたし
ポーイ
内向きになった貴族たちの世界で大陸文化をベースにしたオリジナルカルチャー「国風文化」がトレンドになります
当時のパリピのあいだでは紫式部の「源氏物語」や清少納言の「枕草子」のように文芸も花を咲かせました
春はあけぼのやうやう
現代ならば映画化やドラマ化も行われていたことでしょう
そのいっぽうで「国のかたち」は少しずつ変わり律令国家のたてまえが通用しなくなってくる
貴族や寺院が大きな土地を持つ「**荘園**」が広がり
藤原氏による「**摂関政治**」が
ついで上皇による「**院政**」が行われます
もっともそれは都のセレブたちの世界

弱肉強食の辺境では
自分のテリトリーを
守るために
武器を持つ人々が
現れていた
そうした人々が
中央から来た
貴族と結びつき
荒くれ者の武士団が誕生
10世紀には
平将門のように
関東で反乱を起こし
「新皇」を称する
武士も現れます
都の貴族たちは
そんな武士たちの武力を
権力闘争に利用する
ようになる
しかしそれは
武士たちに
自分たちの持つ
パワーの
覚醒を促し
日本史上初の
武士の権力者
平清盛を登場
させることに
なりました
平氏は
「平氏でなければ
人ではない」と
いわれるほど
栄華を極めますが
驕る平家は久しからず
関東の地で
源頼朝が
挙兵します

＊歴史上の事件＊

794年

平安京遷都

な《7》く《9》し《4》た思い出平安京。

794

なくした思い出 平安京

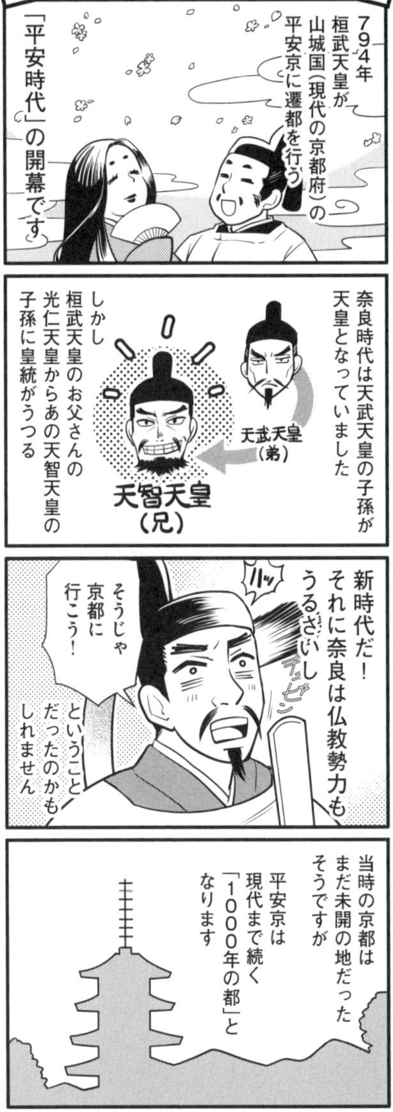
794年
桓武天皇が
山城国(現代の京都府)の
平安京に遷都を行う
「平安時代」の開幕です
奈良時代は天武天皇の子孫が
天皇となっていました
天武天皇
(弟)
天智天皇
(兄)
しかし
桓武天皇のお父さんの
光仁天皇からあの天智天皇の
子孫に皇統がうつる
新時代だ！
それに奈良は仏教勢力も
うるさいし
ハッ
そうじゃ
京都に
行こう！
ということ
だったのかも
しれません
当時の京都は
まだ未開の地だった
そうですが
平安京は
現代まで続く
「1000年の都」と
なります

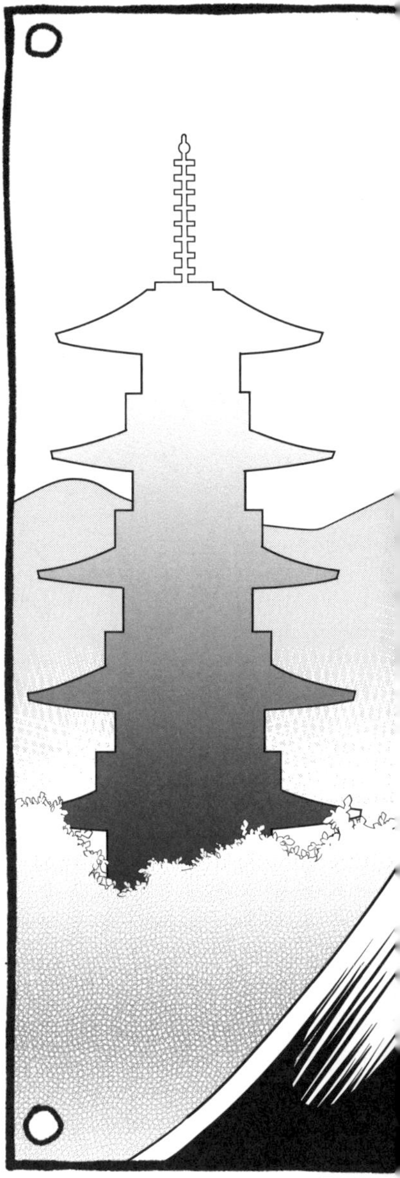

＊歴史上の事件＊
797年
坂上田《さかのうえのた》村《むら》麻《ま》呂《ろ》、
征夷大将軍に任命

797 ナックルなめんな！田村麻呂

KNUCKLE NA

隋の煬帝がそうでしたが
「これから新時代だ！」と考えるトップはとにかく大きな事業をやりたくなるようです
で
帝王がやる大事業とは大土木建築と征服
煬帝
桓武天皇も新都を造り征服をやります
アテルイ
789年
反乱が続いた東北に大軍を送るも族長の阿弖流為《あてるい》にボロ負け
しかし天皇はあきらめず今度は坂上田村麻呂を征夷大将軍に任命して派遣
田村麻呂は阿弖流為を従わせます
（そのあと阿弖流為は都の貴族に殺されてしまう）
そうして律令の支配が広がっていく
ただ
この地の人々にとって「桓武天皇の野望」は正直　迷惑だったことでしょう

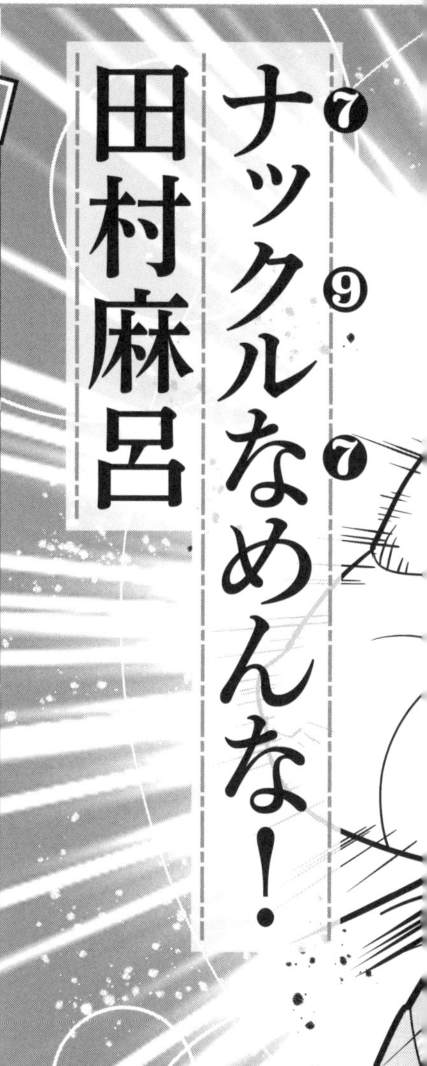

7 9 7
ナックルなめんな！
田村麻呂

＊歴史上の事件＊

804年
最澄、空海が唐に渡る

ハ《8》マる《0》よ《4》唐に。最澄 空海

804

HAMARUYO

ハマるよ唐に。最澄 空海

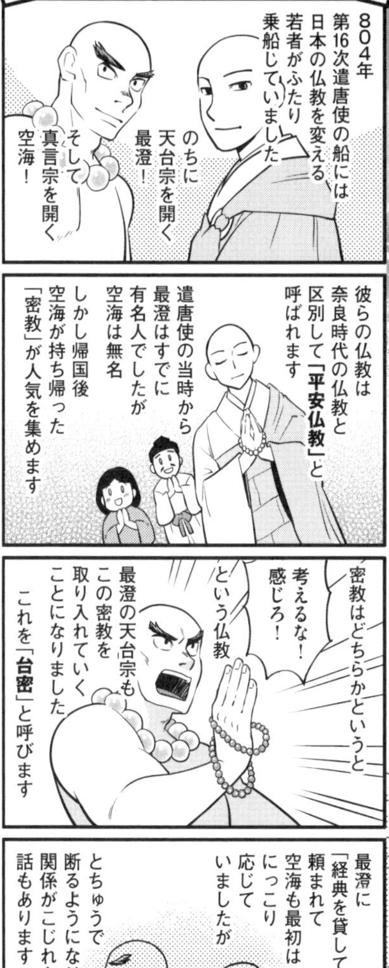
804年
第16次遣唐使の船には
日本の仏教を変える
若者がふたり
乗船していました
のちに
天台宗を開く
最澄!
そして
真言宗を開く
空海!
彼らの仏教は
奈良時代の仏教と
区別して「平安仏教」と
呼ばれます
遣唐使の当時から
最澄はすでに
有名人でしたが
空海は無名
しかし帰国後
空海が持ち帰った
「密教」が人気を集めます
密教はどちらかというと
考えるな!
感じろ!
という仏教
最澄の天台宗も
この密教を
取り入れていく
ことになりました
これを「台密」と呼びます
最澄に
「経典を貸して」と
頼まれて
空海も最初は
にっこり
応じて
いましたが
とちゅうで
断るようになり
関係がこじれたという
話もあります

⑧⑨④ 吐くよゲロゲロ遣唐使

894

吐くよゲロゲロ遣唐使

最初は隋　次は唐　当時の「ガチ先進国」からイカしたカルチャーを取り入れるため
朝廷は使節を送っていました
めっちゃ危ないんだよね この旅……
THE命がけ!!
それを中止するようにアピールしたのが菅原道真
ぶっちゃけ唐の勢いもおとろえてきてますし……
もういいっショ
行きたくない
先進国のフォローをやめた日本で
やがて大陸文化をベースにしたオリジナルカルチャー「国風文化」が花開くことになりました
萌え〜
萌え〜

ゲロゲロゲロゲロゲロ

939

将門が腐った宮廷、ぶっ潰す！

＊歴史上の事件＊

939年

平将門の乱

将門、関東で
反乱を起こす

朝廷のホームは西
だから
東の関東や東北は
朝廷にとって
ぶっちゃけアウェイでした
しかしそのアウェイで
農地を開拓し
その土地を守るために
武装する人たちが
現れます
また皇族や貴族の中にも
都で貧乏
するなら
地方で一発
あてよう！
と定住して
地元民となる人も
出てきました
「武士の誕生」です
平将門の平氏は
もとをたどれば
桓武天皇につながる家
将門は地元でモメている
うちにその争いが
朝廷への反乱に発展
一時は関東8ヵ国を支配し
「新皇《しんのう》」を称しますが
同じ関東の武士に
討たれてしまいます
暴れまわったのは
短いあいだ
しかし彼は
200年後に生まれる
東国政権の先駆者では
ありました
今の東京都にも
彼を祀《まつ》る塚があります

将門が
腐《⑨③》った宮《⑨》廷、ぶっ潰《つぶ》す！

リア充ヒーロー 1016 藤原道長

＊歴史上の事件＊

1016年
藤原道長、摂政就任

この世をば　我が世とぞ思ふ　望月の
欠けたる　ことも　なしと思へば

日本で一番えらい人は
だれですか?
「それは天皇です」
だったはずですが
いちばんの
権力者はだれですか?と
いうと
「藤原氏です」
となってきたのが
平安中期
「摂関政治」の
時代です
娘を天皇の妻にする
それで生まれた子どもが
天皇になると
自分は天皇のおじいさん
その「おじいさん」が
天皇が幼いときは「摂政」
大人のときは「関白」の
ポジションについて
政治を動かす
「おじいさんはえらい」
なんてごくプライベートの
感覚ですが
しかしこのパターンで藤原氏
が権力を握った
特に藤原道長と
その息子の頼通は
合わせて約80年も
権勢を誇りました
トップは権威だけ
リアルな権力は
陰のボスが握る
このパターンは
「日本の権力構造あるある」
としてその後も
くり返されます

前九年 異例の強引 源頼義

①⓪⑤①

歴史上の事件

1051年

前九年合戦《ぜんくねん》

源頼義、陸奥国の豪族、
安倍氏を滅ぼす

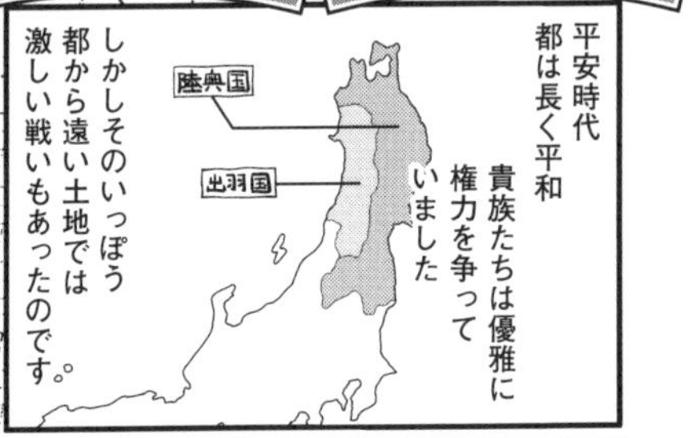
平安時代
都は長く平和
貴族たちは優雅に
権力を争って
いました
陸奥国
出羽国
しかしそのいっぽう
都から遠い土地では
激しい戦いもあったのです。

「前九年合戦」（1051）
源頼義が、陸奥国の豪族
安倍氏を滅ぼす
「後三年合戦」（1083）
頼義の息子 源義家が
陸奥国・出羽国の豪族
清原氏の内紛に介入し
制圧する

彼ら親子が率いたのは
東国の武士たち
優雅な貴族たちとは
まったく違うバトル集団です
ハイ
ぬけた
スポッ
コラー
「目に刺さった矢を
抜いてあげようとして
顔を踏んでひっぱったら
踏まれたほうが激怒した」
とか そんなエピソードを
残すワイルドな人々です

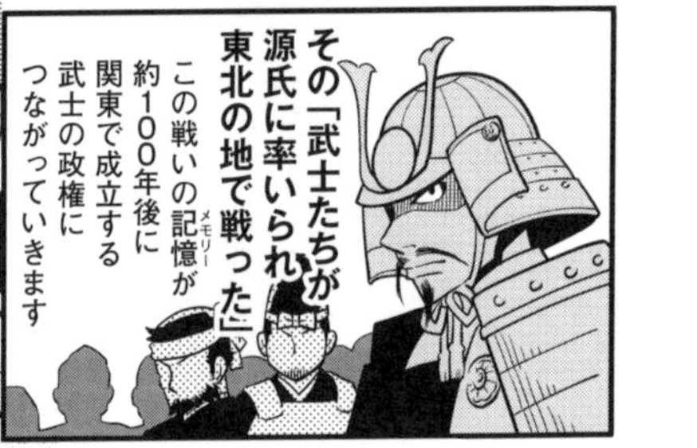
その「武士たちが
源氏に率いられ
東北の地で戦った」
この戦いの記憶《メモリー》が
約100年後に
関東で成立する
武士の政権に
つながっていきます

後三年異例のヤバさ源義家

1083

＊歴史上の事件＊

1083年

後《ご》三《さん》年《ねん》合戦

頼義の息子、
義家、清原氏の
内紛に介入し戦う

⑥ ろうぜ、白河院政

1086 一応やろうぜ、白河院政

歴史上の事件

1086年 白河上皇、院政を開始

「摂関政治」では
天皇の母方のおじいさんが
政治の実権を握る
しかしそのスキームには
「都合よく娘に息子が
生まれないとダメ」
という欠点がありました
そのため
170年ぶりに
おじいさんが
藤原氏ではない天皇
後三条天皇が登場
この人は
「藤原氏が重いのは
天皇の祖父だからだ
自分はなんとも思わない」
と語ったそうです
実際に
「延久の荘園整理令」を出し
藤原氏の権力基盤に
打撃を与えました
さらに
後三条天皇の息子
白河天皇は譲位し
上皇となり
「天皇の後見人」
として実権を
握ります
これがザ「院政」!
ぶっちゃけ
こんどは
「天皇の父や祖父」が
権力を握るわけですね
治天の君
このパターンが
鳥羽上皇にも
受け継がれ「院政」は
100年ほど続きます

ゴゴゴ

1 0 8
一応や

＊歴史上の事件＊

1156年

保元《ほうげん》の乱

①　①⑤こ⑥ろ

いい頃合いで
武士登場

1156
いい頃合いで武士登場

平安時代は藤原氏や上皇が
よくいえば優雅に
(悪くいえばネチネチと)
権力争いをやっていました
貴族の世界では
政争に負けた人も
命まではとられない
かつての菅原道真も
九州に流されるだけで
すんでいます
ハァ?
恨んでます
けど!?
しかしついに
武士の武力で
物理的に政敵を
葬ってしまえ
という発想が
出てきた
後白河天皇派と
崇徳上皇派が
武士を使って戦った
「保元の乱」です
「平城太上天皇の変(薬子の変)」
以来なんと350年ぶりの
バトルとなりました
このときの勝ち組は
後白河天皇派
源氏のリーダー
源義朝も
平家のリーダー
平清盛も
この後白河天皇サイドで
戦っています
ついに歴史の表舞台に
出てきた武士たち
しかし乱のあとの
ごほうびは平氏の
清盛のほうが
おいしかった
義朝はそれを
根に持っていた
ようです

＊歴史上の事件＊
1159年
平《へい》治《じ》の乱

1159 いちいちごくろう義朝さん

当時の実力者は
藤原通憲《みちのり》（信西《しんぜい》）
「平治の乱」は
その信西と
対立する
藤原信頼《のぶより》と
自分のごほうびに
不満のあった源義朝
このふたりが手を組んで
起こしたクーデターです
平清盛が
都を留守にした
すきを突いて
挙兵しますが
清盛が
戻りました!!
マジか！
ああもう
負けた…
といったり
信頼が義朝に
「日本一の臆病者」と
罵倒されたりと
なんだか
最初から
勝てそうにない
人たちの
計画でした
しかしそうしたバトルが
源氏を没落させ
平家政権の成立につながる
歴史の流れの
おもしろい
ところです

いちいちごくろう義朝さん

❶❶❺❾

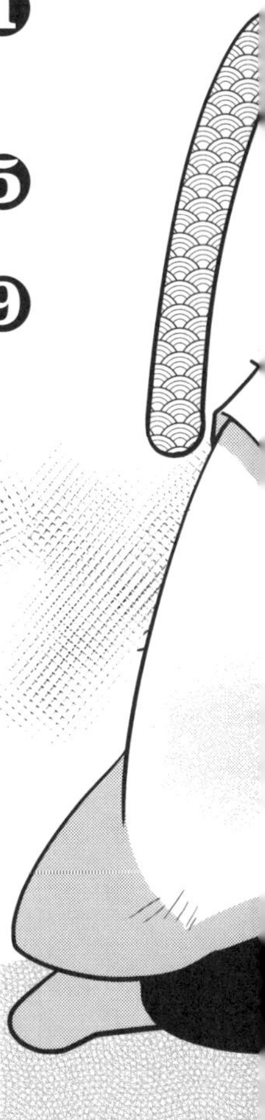

1167
いい胸毛の清盛さん

＊歴史上の事件＊

1167年
平清盛、太政大臣就任

❶❶❻❼
いい胸毛の清盛さん

太政大臣
「保元の乱」と「平治の乱」に勝利した平清盛の武力《パワー》
貴族もそれを無視できない
清盛は朝廷のトップ太政大臣に就任します
そして娘を天皇の后《きさき》にしてのちの安徳天皇が誕生
（藤原氏と同じことをやってますね）
清盛の平家は土地をたくさん持ち宋との貿易も進めめっちゃお金持ちに
ますます勢いに乗った清盛は後白河上皇と対立すると軍勢を率いてクーデターを決行
あ あ あ
あ あ
上皇を幽閉してしまいついに独裁状態に
平家は「平家でなければ人じゃない」と豪語するほどブイブイいわせますが
いえい いえい
しかしそのぶんアンチの不満もたまりやがて関東をはじめ各地で火を噴くことになります

歴史上の事件

1180年
源頼朝の挙兵

1180
頼朝さん いい覇王になりたいな

源頼朝は「平治の乱」で負けた源義朝の息子
武士の子は生かしておくと危険なので殺されるのがふつうです
しかし清盛は命をたすけて東国に流すだけにします
清盛にはそんな太っ腹なところがあるんです
京
伊豆
その頼朝が伊豆で挙兵した
清盛は激怒したそうです
それは怒りますねといっても最初頼朝に従う部下はごくわずか
初戦はボロ負け しかしやがて東国の武士たちが頼朝のもとに集まってくる
頼朝はそのビッグウェーブに乗り彼らのリーダーとして押し立てられていきます

頼朝さん いい覇王になりたいな

1 1 8《は》 0《おう》

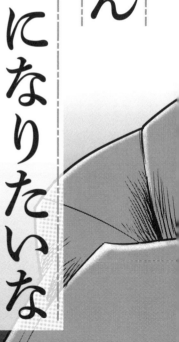

「一生懸命」という言葉がありますがこれはもともと「一所懸命」「自分の所領(土地)を命を懸けて守る」という武士の決意を表す言葉でした
そもそも「武士」とは自分が開拓した農地を自分で守るために武装した人から生まれました
武士にとって土地はそれほどだいじ
しかし平安時代は立場が弱く都の貴族に寄進したりしてなんとか土地を守っていました
こんな不安定な状態はイヤだ!
武士たちは自分の土地をがっつり守りなにか争いがあったときはきちんと解決してくれるパワー(権力)を求めます
こうした気持ちが武士の権力「鎌倉幕府」を誕生させることになりました

源頼朝はセレブの
血筋ではありますが
もとはただの
ボッチの流人
そんな彼を
リーダーとして
押し立てた
武士たちの気持ちを
頼朝本人がいちばん
よく理解していました
かつての平家のように
京都の朝廷と一体化
してしまう道は歩まず
あくまで関東にとどまります
関東最高!!
頼朝のなきあと
「鎌倉幕府」では
激しい抗争が起こり
北条氏が実権を握る
「承久の乱」で
朝廷軍に勝利し
幕府の権力は
西日本にも広がる
そして法律
「御成敗式目」を定めて
庶民の暮らしにも
目を向ける流れが
出てきます
御成敗式
そのいっぽうで
貨幣経済が
日本列島に
浸透していく
マネーを背景にした
新たな勢力も
台頭していきます
元(モンゴル)が
攻めてくるという
「外圧」をきっかけに
武士たちの不満は高まり
鎌倉幕府の命運は
傾いていくことに

＊歴史上の事件＊

1185年

源頼朝、
守護・地頭を設置し
鎌倉幕府成立

パ《⑧》チンコ《⑤》 鎌倉幕府

1185

イケイケパチンコ 鎌倉幕府

武士たちは自分の土地の権利をきちんと守ってくれる「権力《パワー》」を求めていた
しかし平清盛は武士出身のくせに京都で朝廷と一体化してしまう
そこで今度は東国に流されていた源頼朝をリーダーに押し立てた
頼朝は空気の読める男
「日本一の大天狗」（頼朝談）後白河上皇と渡り合う政治力の持ち主でもあります
ちゃんと武士たちのニーズを理解して
東の鎌倉を拠点に活動を開始します
いっぽう平氏は「壇の浦の戦い」で源義経に破れ滅亡
その最期は「平家物語」として語り伝えられることになりました

IKE IKE PACH
CR 鎌倉幕
118
1 1
イケイケ

頼朝さん
い《❶》い《❶》靴《❾❷》はいて将軍に

YORITOMO SA

1192 頼朝さん いい靴はいて将軍に

＊歴史上の事件＊

1192年 源頼朝、征夷大将軍に任命

1192年
源頼朝は
朝廷から
征夷大将軍に
任命されました
かつては
「この年に鎌倉幕府が
成立した」
とされていましたが
頼朝は官位を
もらったから
武士のリーダーに
なれたわけではない
すでに以前から
東国を中心に
武士たちをまとめていて
実質的にリーダーだった
つまり
「征夷大将軍」の位は
実情を追認しただけ
ということで
定説が
変更されたわけです

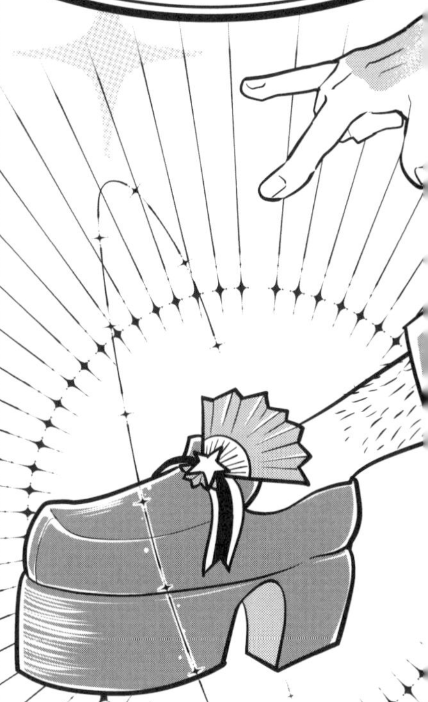

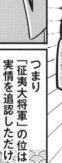

歴史上の事件

1221年

承《じょう》久《きゅう》の乱

朝廷が幕府に
戦いを挑む

ワン❶ツー❷不《ふ》❷意《い》❶打ち 承久の乱

1221
ワンツー不意打ち 承久の乱
名こそ惜しけれ！
オラ
オラ
都の貴族たちからすると 武に生きる武士は まったく違う価値観を 持つ集団
正直 めっちゃ下に 見ていたでしょう
命よりも名誉がだいじ
しかし その武士の政権に朝廷は 圧迫されるように なっていた
しかも朝廷と つながりが深かった 第3代将軍実朝は あっさり武士に殺される
そこで反撃を試みたのが 後鳥羽上皇
この人は歌でも有名 マッチョで武芸にも 優れていたという 異色の帝でした
上皇はひそかに 武士を味方に引き入れ 朝廷軍を組織しようとする
しかし予想以上に 幕府の結束はかたかった 北条泰時らが率いる軍勢に あえなく敗北
上皇は 隠岐に流され 結果的に 幕府の支配が 西国にまで 浸透することに……

後鳥羽上皇

＊歴史上の事件＊

1232年

御《ご》成《せい》敗《ばい》式《しき》目《もく》制定

1232 ひと踏みにじるな 御成敗式目

頼朝亡きあと
鎌倉幕府の
実権を握ったのは
北条氏
頼朝の妻
北条政子の
実家です
この家は政子の父の時政
その息子の義時と
ブラックな陰謀を
得意とするタイプを輩出
鎌倉幕府初期の
血で血を洗う抗争を
勝ち抜きました
しかし北条氏が
「執権」として権力を握ると
公正を心がけ
民の暮らしにも目を向ける
ホワイト政治家
北条泰時が登場
「承久の乱」に
勝利したのち
武士の法「御成敗式目」を
制定
きちんと法に則った
政治を行う
姿勢を
打ち出しました
その
基本原則は
江戸時代まで
受け継がれます

①ひと②踏③み②にじるな 御成敗式目

❶❷❼❹

いつでもナシで モンゴル襲来

歴史上の事件
1274年
元寇、文永《ぶんえい》の役
元の軍勢が攻めてくる

歴史上の事件
1281年
元寇、弘安《こうあん》の役
ふたたび元が攻めてきた

弘安の役

❶❷❽❶

いつでもヤバい モンゴル襲来

1274 文永の役 いつでもナシでモンゴル襲来
1281 弘安の役 いつでもヤバいモンゴル襲来

文永の役

チンギス・ハンの孫
フビライが中国を征服
元が成立します
その元が
日本にまで
攻めてきた
実は元は
戦争前に使節を
送ってきたのですが
鎌倉幕府は
きちんと対応せず
ひどいときは
使節の首を切って
しまった
のちの室町幕府では
足利義満が明の皇帝に
礼を尽くしていたわけです
このときの
幕府も
ちゃんと
対応して
おけば
元も
海を渡ってまで
攻めてこなかったかも
しれません
この「元寇」で戦った御家人に
ごほうびを出すことができず
それが
鎌倉幕府の傾く
きっかけと
なっていきます
ほうびを
よこせー

7 なごんだ徳政令

1297

永仁でいっぷくなごんだ徳政令

歴史上の事件
1297年
永《えい》仁《にん》の
徳政令発令
13世紀は「貨幣経済が日本に浸透していった時期」
この時期
中国の宋銭が
日本でも広く使われる
ようになりました
そうしたなか
経済活動で
富を築く人も出ますが
没落する人もいた
それで失った所領を
元に戻し
今後　売買したり
借金の担保にすることを
禁じたのが徳政令
思いきり
「御家人ファースト」な
政策です
徳政令
第9代執権 北条貞時
しかしこうした
救済措置は
マイナス面も大きい
貨幣経済への
流れは止まりません
鎌倉幕府のジリ貧の
流れも　止めることは
できませんでした
永仁で
①②⑨
いっぷく

＊歴史上の事件＊

1333年

鎌倉幕府滅亡

天皇、トリプルスリーで倒す

（注）トリプルスリーとは日本のプロ野球用語。一年で打率3割、30本塁打、30盗塁を達成すること。実現するためにはシュアなバッティングと長打力、さらに俊足まで求められる。そんなマルチな人材が幕府にいれば歴史も変わっていたかもしれない。

1333

後醍醐天皇、いいねトリプルスリーで幕府を倒す

後《ご》醍《だい》醐《ご》①いいね幕府を

Takauji

「承久の乱」で敗北し
朝廷は主導権を
決定的に失った
敗北
しかしここに
ふたたび「打倒幕府」を
掲げる天皇が現れます
後醍醐天皇
不屈の闘志を持つ
帝王!
後醍醐天皇は
倒幕の陰謀がバレて
隠岐に流されますが
脱出
そこで
武士の名門
足利尊氏や
新田義貞らが
天皇サイドに
寝返り
鎌倉幕府は
あっさり
滅亡して
しまいました
これは
「天皇のご威光さすが!」
というよりも
武士たちの間で
「そこまで
北条家独裁への不満が
たまっていた」
と見るべきなのでしょう

「承久の乱」で敗北し
決定的に主導権《イニシアティブ》を
失った朝廷は
「幕府とは
いい関係をたもち
自分たちも
いい政治をやろう」
そういう方向で
がんばっていました
しかし14世紀
ふたたび
すべての
リーダーシップを
握ろうとする天皇が
現れます
不屈の帝王
後醍醐天皇です!!
NO摂関政
NO幕府
NO院政
YES天皇親政
この人は
倒幕の陰謀を
めぐらせますが
失敗して隠岐に流される
しかし
あきらめません！
船を仕立てて
島から脱出
そこで武士の名門
足利尊氏が
後醍醐天皇サイドに
寝返る
尊氏に続く武士が
続々と現れ
鎌倉幕府は
あっさり倒れて
しまいました
後醍醐天皇の
時代キター！
「建武の新政」の
実現です！

しかし
幕府を倒したのは
やはり武士の力
後醍醐天皇は
その武士をガン無視
政治も軍事も
なんでもぜんぶ
自分でやろうとします
そんな天皇から
まず足利尊氏が離れ
「建武の新政」は
ごく短命に
終わりました
（そのせいで
むかしは尊氏の
評価は最悪
日本一の大悪人
あつかいでした）
尊氏は自分の
息のかかった
天皇を立てる
光明天皇
後醍醐天皇は
奈良の吉野に逃れ
南朝をひらく
京都
奈良
ここに京都と奈良に
それぞれ朝廷がある状態
「**南北朝時代**」がはじまります
武士のほうでは
尊氏と弟の直義《ただよし》
が対立
直義が
南朝サイドにつく
同じように
南朝に走る
武士も出る
もちろんその
逆パターンもアリ
こんな感じで
日本中で
武家方（尊氏＝北朝サイド）
宮方（南朝サイド）に
わかれて争う
動乱の時代に
突入しました
武家方
宮方
一時ピンチに陥った
尊氏サイドは
「神器なしの天皇即位」
といった荒わざに
出たりしました
しかし最後に
勝利したのは
足利尊氏
武士の政権リターンズ！
こんどは京都に本拠地を
置くことになります

1334

いざ見よ！俺の新政治！

後醍醐天皇が目指した政治は「天皇親政」
古代のように天皇がトップダウンで政治を行うこと
ノー蘇我氏！ノー藤原氏！
ノー幕府！
イエス天皇！
しかし現実として幕府を倒したのも武士の力
その力を認めなかった天皇からまず足利尊氏が離れ
「建武の新政」はわずか2年ばかりで終わります
不屈の闘志を持つ人でしたが正直リーダーに求められる「人望」がなかった
いっぽう足利尊氏は大ざっぱですが人望だけはある人でした

政
＊歴史上の事件＊
1334年
後醍醐天皇による
建武《けんむ》の新政
政治！

❶ ❸ ❸ ❹

いざ見よ！俺の新

ひ《1》とり身《3》寒《3》く《6》て、南北朝

1336

ひとり身寒くて、南北朝

＊歴史上の事件＊
1336年
南北朝時代開幕
後醍醐天皇
この時代の動きはすごくややこしいです スミマセン
北 京都
足利尊氏が京都に進撃し光明天皇を擁立
後醍醐天皇は一度は降伏して三種の神器を渡しますが
奈良の吉野に逃れ「**自分が本当の天皇だ**」と宣言
南 奈良
北と南にふたりの天皇が並びたつ「**南北朝時代**」がはじまります
といっても最初 南朝の勢力はごく小さかった
しかしやがて北朝＝尊氏サイドで地位や土地の権利が認められなかった人が南朝サイドに走る
welcome!
そして対立は拡大し「武家方VS宮方」の争いは全国に広がります
約60年にわたって動乱の時代が続きました
北朝＝武家方
南朝＝宮方

南北にわかれてしまった朝廷をふたたびひとつにしたのは
第3代将軍
足利義満
室町幕府はこの人のときに権力のピークを迎えます
鎌倉幕府はどうもマネーの話が苦手でしたが
足利政権もかつての平家と同じように経済に目を向けグローバルな交流を視野にいれるキャラを持っていました
義満は明と国交を結び日明貿易をはじめています
ちなみに1408年若狭国にインドネシアから象が届き1ヵ月ほどかけて京まで連れてこられたそうです
ただ室町幕府は最初から内部でゴタゴタしていました
しかも問題のある将軍が続く
そうするうちに全国の守護大名たちがある国では地元をしっかり支配したり
ある国では逆に地元勢力に実権を奪われたりして
（こっちのほうが多い）
だんだん独立傾向を強めていく
彼らはやがて「戦国大名」と呼ばれる存在に変化していくことになるでしょう

いっぽう室町時代は
義満の時代に
「北山文化」が開花
こちらは
外国の影響が色濃い
ゴージャスで
キラキラした文化ですが
のちに「東山文化」が台頭
現代でもハデな
トレンドのあとに
シンプル&
ミニマルの波が
来たりしますが
東山文化も
「わびさび幽玄の世界」
幕府をふたつにわって
「応仁の乱」が起こると
京都は荒廃します…
しかしその結果
戦乱から逃れた貴族が
地方にくだり
都のカルチャーが
田舎にも広がることに
なりました
さらにこの時代は
「一般人」も力をつけ
文化活動に参加する
ようになります
茶をたしなんだり
狂言をもよおしたり
幸若舞を楽しんだり
庶民の小歌を集めた
「閑吟集」や
御伽草子も
編まれます
今に伝わる礼儀作法も
この時代に確立された
「室町時代は
日本人のライフスタルの源流」
そんなところがあります

一《1》味《3》でサ《3》ンバ《8》 尊氏将軍

1338

一味でサンバ 尊氏将軍

尊氏は
1336年に
御成敗式目をベースにした
法律「建《けん》武《む》式《しき》目《もく》」を
制定しています
建武式目
現代ではこの時点で
「**室町幕府スタート**」と
見ていますが
1338年
征夷大将軍に
任命されて
これで名実ともに
トップになる
しかし政治を
任せて(丸投げして)いた
弟の直義が離反して
南朝サイドに走ります
直義は
「**鎌倉幕府継承派**」
鎌倉に本拠地を置くこと
を主張していました
南
「**観《かん》応《のう》の擾《じょう》乱《らん》**」が
はじまります
各派
くっついたり
はなれたり
室町幕府は
出だしから
内紛が続きます
その火種がのちに
また燃え上がることに

＊歴史上の事件＊
1338年
足利尊氏、
征夷大将軍に
任命

1404 イージーお仕事 勘《かん》合《ごう》貿易

1404

イージーお仕事 勘合貿易

第3代将軍
足利義満
義満は
有力守護大名を討ち
南北朝合一を
果たす
この人のときに
足利将軍の権力は
ピークに
達しました
義満はかつての
平家政権と似て
グローバルな経済活動に
目を向ける
朝貢貿易！
明との国交を開いて
貿易を行います
「太上天皇」の
称号を欲しがったという
話もありますが
しかしそんな称号は
必要ないほど
大きな権力を
持ちました
金閣を築き
大陸の影響が色濃く
ゴージャスな
「北山文化」を
出現させてもいます
しかし権力が
安定していたのは
義満のあとを継いだ
義持のあたりまで
そのあと
室町将軍のパワーは
だんだん弱体化
していくことに……

＊歴史上の事件＊

1404年

足利義満が日明貿易を開始

応仁の乱 これから 人《①》の世《④》胸《⑥⑦》騒ぎ

1467

ONIN NO RAN KO

応仁の乱 これから人の世胸騒ぎ

＊歴史上の事件＊
1467年
応仁の乱
時代は戦国時代へ
石《①④》の胸《⑥⑦》毛だ
応仁の乱
権力基盤が
不安定だから
問題のある将軍が
続くのか？
問題のある
将軍だから
不安定になるのか？
足利将軍は
くじ引きで決められたり
人にめちゃくちゃ
厳しくして殺されたりして
弱体化していく
そうするうちに
細川勝元派と
山名持豊（宗全）派の間で
守護大名たちの内乱が勃発
主戦場となった
京都は
荒廃し
争いは
全国に
広がります
この内乱をへて
将軍の権威は
がっつり失われ
食うか食われるかの
弱肉強食の時代
「**戦国時代**」が
やってくることになります

1 4 8 2

いーよ#《ハッシュタグ》日本文化

GINKAKUJI

1482

銀閣寺いーよ#日本文化

銀閣寺

第8代足利義政
この人の時代にあの「応仁の乱」が起こりましたがまるっと放置
政治家としてはまったく**ダメダメ**と見られる人です
しかし文化人としては銀閣を建て**「東山文化」**を出現させる
キラキラして派手な北山文化に対してこちらは「わびさび幽玄」の渋いセンス
室町時代は日本人のライフスタイルの源流が生まれた時期といわれます
将軍義政の**「趣味には没頭するオタク気質」**も日本人の源流なのかもしれません

#ワビサビ

＊歴史上の事件＊

1482年

足利義政、銀閣寺造営開始

加賀一揆 1488 必死でバリバリ伝説に！

1488
加賀一揆 必死でバリバリ伝説に！

「一向一揆」とは浄土真宗（一向宗）の門徒たちが起こした大名支配への反乱
浄土真宗は親鸞が宗祖
「阿弥陀仏の誓い（本願）にすがればどんな人でも救われるむしろ悪人こそ救われる」という「悪人正機説」で有名です
大名の支配が大名が上　庶民が下の「タテの結びつき」とすれば
一向宗は阿弥陀仏のもとでみんな平等という「ヨコのつながり」
のちに徳川家康を苦しめ織田信長の野望に立ちはだかったように
大名支配のアンチとなる構造を持っていました
15世紀の加賀では守護大名を倒しそのあと１００年も「百姓の持ちたる国」を出現させます

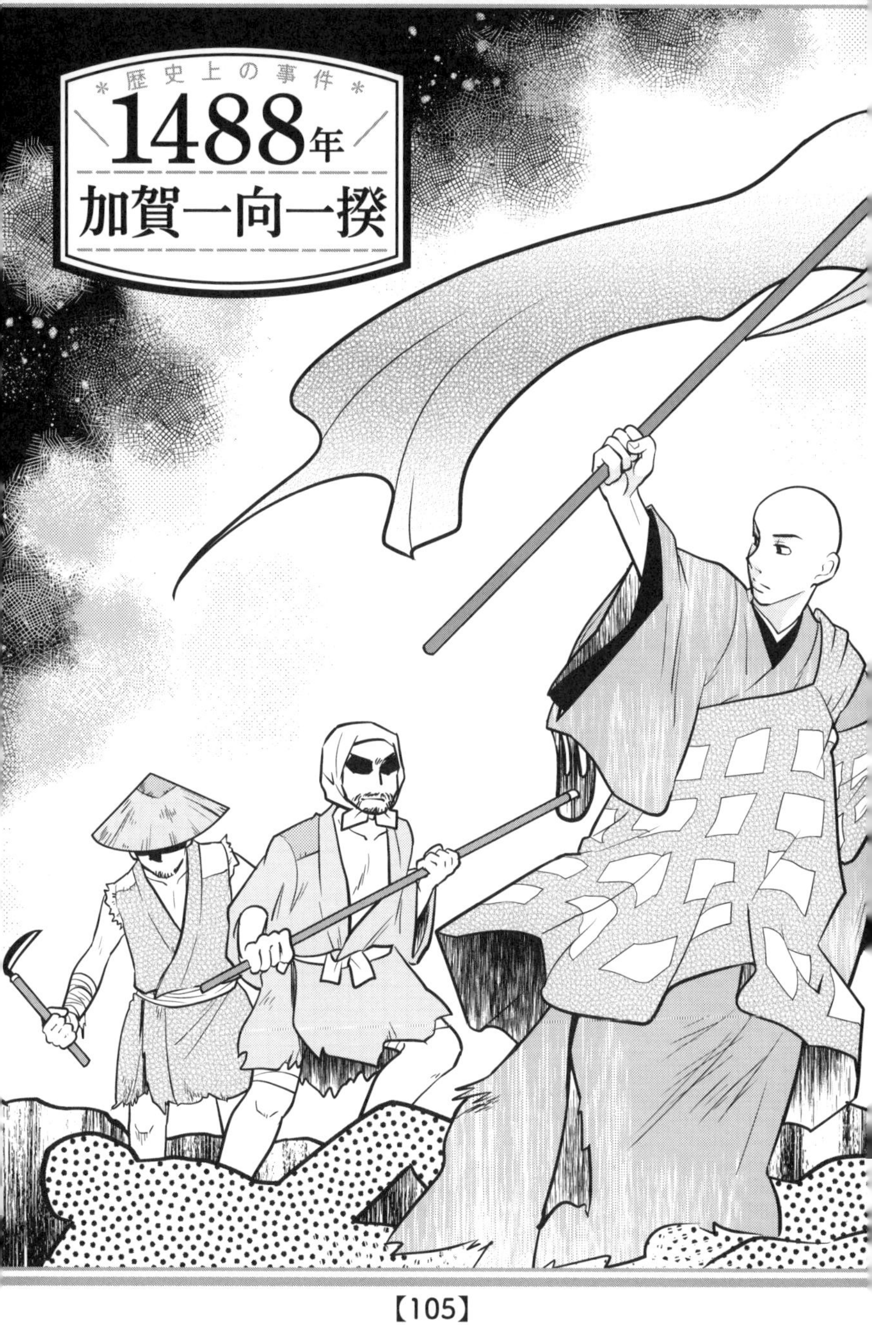
＊歴史上の事件＊
1488年
加賀一向一揆

古代の律令国家いらい
中世の鎌倉幕府
KAMAKURA
YAMATO
HEIAN・
MUROMACHI
そして室町幕府と
「中央政府」が
成立してきました
もちろん
そのパワー（権力）は
強いときもあれば
弱いときもある
東北を奥州藤原氏が支配したり
朝廷と鎌倉のように
どっちが中央なのか
事情が複雑なときもありますが
しかし一応
遠方で反乱が起きても
それを鎮めようとする
「中央政府」がありました
ですが見かたを変えると
中央の支配に
抵抗する人々もまた
いつもいた
南北朝時代の終わりごろに
現れた「バサラ」も
中央の権威や伝統にビビらない
豪快な人々でした
やがて室町時代も
後半になると
「中央政府」の
パワーは低下
もはや風前の灯火で
実権は力のある
部下に握られます
権威や血統とかよりも
モノをいうのは実力
つまり
「強いヤツ」が
勝つ！
「下剋上」の
時代です

日本各地でも「強いヤツ」が実権を握り
関東の北条
甲信越の武田、上杉
中国地方の毛利
九州の島津など
戦国大名が誕生
究極の地方分権
「群雄割拠」
「戦国時代」に突入します
全国に「王」たちが現れる
その中にひとりの異能の「王」がいた
織田信長
各地の戦国大名たちは自分のテリトリーを充実させることを考えていた
しかし織田信長は地元にこだわらず天下統一を目指します
天下布武
天下統一
信長は1582年に命を落としますが
その後、元部下の豊臣秀吉が天下統一を実現
そのときはみんな「やれやれようやく戦いの時代が終わったよ」と思ったことでしょう
しかし……

いい《❶》腰《❺❹》、見《❸》つけた、種子島

＊歴史上の事件＊

1543年

種子島に鉄砲伝来

1543
いい腰、見つけた、種子島

IIKOSHI MI

1543年
中国の船が種子島に漂着
乗っていた
ポルトガル人によって
鉄砲とその製造法が
もたらされました
鉄砲は日本で急速に広まり
近江の国友
堺　紀伊の根来などで
大量生産されるように
なります
新兵器の登場は
戦争のかたちを
変えてしまいました
三国志の英雄のような
どんなに強い豪傑でも
鉄砲で撃たれたらおしまい
だから戦争では
兵士をそろえ
たくさん鉄砲を
持たせたほうが勝つ
つまり戦争とは数の勝負
大切なのは
政治経済も含めた
「**総合力**」
こうした傾向が
加速することになりました

＊歴史上の事件＊

1549年
ザビエル、キリスト教を日本に布教

1549
以後よく見る ザビエルヘア

1549年
イエズス会の宣教師
フランシスコ・ザビエルが
日本にきて
布教をはじめます
彼は
京都で天皇や将軍に
会おうとするも失敗
中国・九州各地で
布教活動を行いました
その後も
宣教師が日本にやってきて
大名の中に洗礼を
受ける人も出る
しかし
やがて豊臣秀吉が
「バテレン追放令」を出し
江戸幕府にも
受け継がれます
キリストは
「皇帝のものは皇帝に
神のものは神に返しなさい」
といったそうです
「政教分離」ですね
しかし俗界の支配者にとって
新たな神の登場は
「第二の一向宗」になる
リスクがあった
織田信長は
「バテレンフレンドリー」
だったことでしられますが
もし長生きしていたら
やっぱり追放していたかも
しれませんね

①⑤④⑨ 以後よく見る ザビエルヘア

（注）この頭頂部を剃るヘアスタイルは、トンスラというかつてのカトリック聖職者の習わし。

歴史上の事件

1560年
桶《おけ》狭間《はざま》の戦い

①いちころ⑤オシマイ⑥今川⓪DEATH《デス》

1560 いちころオシマイ今川DEATH

すっかり「信長のかませ犬」のイメージが定着した今川義元ですが
本来は「海道一の弓取り」という異名で知られた強キャラ

「相模の獅子」北条氏康
「甲斐の虎」武田信玄と
甲相駿三国同盟を結んだ当時のメジャー武将でした
武田
北条
今川

しかし「桶狭間の戦い」で信長がまさかのジャイアントキリングを達成
義元は戦死し彼の今川家も没落します
信長がさすがなのはそのあと「桶狭間」をリピートしなかったところ

むしろ野戦築城を取り入れたりどんなにカッコ悪くてもとにかく逃げたりと「負けない工夫」を重視する
もっとも戦国時代は超ハードモード
その信長にして本能寺で油断を突かれるのですが……

い《1》けるこ《5》ろ《6》や《8》で!!
信長上洛

1568 IKERUKORO

いけるころやで!! 信長上洛

実はこの時代になっても室町幕府は一応続いています
といっても部下の細川に将軍が追放されたり（下剋上）その細川が手下の三好に乗っ取られたりと（さらに下剋上）京都の状況はカオス
下剋上
その京都に足利義昭を擁した織田信長が入る
信長の武力をバックにして義昭が第15代そして最後の足利将軍になります
戦国時代「各地の有力大名は京都に出ることを夢見ていた」というイメージがありますが
それは江戸時代の軍記物語がつくったもの
実際は自分の地元の縄張りを広げることだけを考えていた人がほとんどです
そうした中で「天下布武」をキャッチフレーズとし
室町将軍のゴタゴタに介入する織田信長はやはり異色の存在でした
天下布武
天下布武

＊歴史上の事件＊

1568年

織田信長上洛

足利義昭を擁して京都に入る

1573

義昭の、怒った顔はイチゴなみ

＊歴史上の事件＊

1573年 室町幕府が滅びる

織田信長は「姉川の戦い」で朝倉浅井連合軍を破りさらに比叡山延暦寺を屈服させる
勢力を拡大する信長に危機感を覚えたのか将軍足利義昭が敵にまわる
しかし信長に京都から追放され室町幕府は事実上ここで滅びます
その後の義昭は毛利輝元を頼ったりしますがさいごは豊臣秀吉の庇護を受ける
秀吉の話し相手を務めて余生を送ることになります
元将軍さまが俺の道化《ピエロ》か
にたぁ〜
と秀吉はいい気分だったことでしょう
あまり趣味はよくないですが

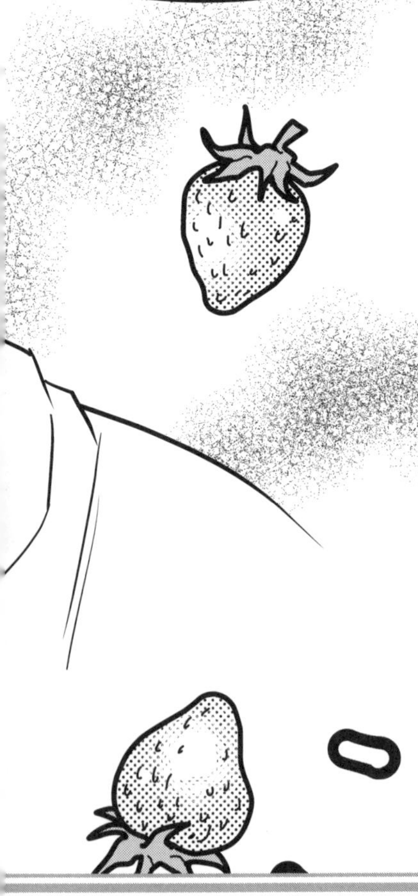

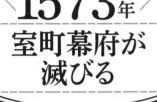

義昭の、怒った顔は ❶❺❼❸、イチゴなみ

パ《⑧》ンツ《②》の織田信長

1582

いちごパンツの織田信長

1582年
京都の本能寺に
宿泊していた
織田信長を
明智光秀が攻撃
「本能寺の変」です!!
ゴォオオオオ
なぜ光秀は信長を?
いろんな理由が
想像されてきましたが
今ならあの上様を
討つチャンス……!?
光秀も戦国時代の武将
「俺もワンチャン
天下人あるかも!?」
そんな野望に駆られたのかも
しれません
信長といえば一向一揆衆を
焼き討ちしてしまうなど
厳しい人として知られます
しかし大きな石を
「俺だと思って拝め」と
命令したりして
意外とおちゃめな
面もある人でした
これワシね♥
その信長も
光秀によって
50歳になる前に
生涯を終えます

①
⑤
いちご

1590

日本国、一国まるっと秀吉に

＊歴史上の事件＊

1590年 秀吉、全国統一

日本国、一国まるっと秀吉に

1590

信長のあとをついで
全国統一を進めた人が
ご存じ豊臣秀吉
1587年に
九州の島津氏を降伏させ
1590年には
小田原の北条氏を滅ぼし
ついに天下統一を
実現します
「天下人」となった
秀吉が行ったのは「検地」
全国の土地を調査して
石高を定めた
またバラバラだった
枡のサイズも統一する
そして農民から
武器を取り上げる
「刀狩」も実施し
兵農分離を
完成させます
現代の私たちが
イメージする
「北から南まで
まとまった日本」は
ようやくこの時期に
成立したといえるのかも
信長　秀吉の時代に
花開いたのが
「安土桃山文化」
ヨーロッパの影響も
入ってきて
多彩できらびやかな
文化が現れます

①⑤⑨② いこくに攻め込む！秀吉の野望

＊歴史上の事件＊

1592年

文禄《ぶんろく》の役

秀吉、明の征服を目指し、朝鮮に出兵

⑦ 泣いた朝鮮

＊歴史上の事件＊

1597年

慶長《けいちょう》の役

停戦交渉が決裂、ブチ切れた秀吉が再出兵

1592 1597

いこくに攻め込む! 秀吉の野望

いこくで泣いた 2度目の朝鮮

①⑤⑨
いこくで
2度目の

豊臣秀吉は
全国の大名の
石高を定めますが
自分自身は鉱山や
京都や大坂など
商業都市を支配下に
置いた「**経済重視の人**」
海外貿易も積極的でその意味
ではかつての平清盛や
足利義満を思い出させる
「グローバル志向」の
権力者です
悪い意味でも
グローバルで
「明を征服する」
といいだし
朝鮮出兵を行います
(「文禄の役」)
服
しかし苦戦
停戦交渉を行いますが
秀吉がブチギレて
ふたたび出兵
(「慶長の役」)
朝鮮にとっても大災厄ですが
「やっと戦国時代が
終わった」とホッとしていた
大名たちも**ゲンナリ**して
いたことでしょう
秀吉は「慶長の役」の
途中で亡くなります
この出兵がけっきょく
豊臣政権を
オワコンにしてしまった
のかもしれません

1600
関ヶ原、ひと群れまるまる東軍に

秀吉なきあと
残されたのは
まだ幼い豊臣秀頼
徳川家康は
その秀頼から
天下を奪うために
「大きな戦争」を
やりたかった
ターゲットにされたのは
会津の上杉景勝
上杉を討つ名目で
大軍を率い
東に向かいます
そこで
石田三成が挙兵
家康にしてみれば
「まんまと釣れた!」と
思ったことでしょう
今の栃木県から
反転してきた家康の東軍と
毛利輝元が盟主となった
西軍が関ヶ原で決戦
小早川秀秋が
寝返り勝負は決します
しかしこのときの敗者
毛利と島津が
260年のちの幕末で
倒幕の
主力になる
薩長
歴史のめぐり合わせの
おもしろさです

東軍に

関ヶ原、ひと《①》群れ《⑥》まる《⓪》まる《⓪》

古代の朝廷は全国に「国」を定め国衙(今でいえば県庁)を置いた
そして中央から役人を送って直接統治しました
こうした仕組みを**「中央集権制」**といいます
もちろん中央集権といっても全国すみずみまでビシッと統治できたかというと話は別
戸籍 ウソばっか！
戸籍
遠い国ほど中央の役人に反発する勢力もいたでしょう
しかし仕組みとしては「中央集権」がたてまえでした
アテルイ
鎌倉幕府の守護も室町幕府の守護大名も中央から送られてくるところは同じです
坂上田村麻呂
これが戦国時代になると様子が変わります
京都の朝廷も幕府もほぼほぼ**「まだ続くには続いていますけど」**という状態
各地にボスが乱立する**「究極の地方分権」**が進みます
しかし秀吉が全国を統一
さらに1600年「関ヶ原の戦い」に勝利して徳川家康が大名たちのリーダー**「天下人」**となりました

ここがポイントですが
徳川家康は
古代の天皇のように
直接全国を支配
したわけではありません
最高実力者（ボス）
として
おまえは
この国を支配
していいぞ
おまえはダメ
おまえは移転ね
などと仕切った
仙台の伊達家や
鹿児島の島津家などは
もともと独立した戦国大名で
ボスに土地の領有を
認めてもらったパターン
こうした大名は
「外様大名」と分類
されます
いっぽう
ボスの家康が手下に
「今までよく働いたな」
とごほうびをあげて
大名にしたのが
「譜代大名」
滋賀の井伊家や
群馬の榊原家などが
これにあたります
こうした
地方分権的なしくみが
「封建制」
特に江戸期の封建制は
「幕藩体制」と
呼ばれています
地方分権といっても
「最強最大の大名」徳川が
にらみをきかせているので
各地の大名も
勝手なことはできません
しかしやがて
黒船が現れて
開国を迫られることに
なるのですが……
社会は安定し
人口が爆上がりに
増えていく

1603 異論を認めず家康将軍

1603年
徳川家康が
征夷大将軍に
任じられます
教科書的には
この年をもって
「江戸幕府スタート」と
されますが
関ヶ原のあと家康はすでに
大名たちにごほうびを
あげたり
逆に領地を
没収したり
していました
実質的に
天下人として
ふるまっていた
わけです
現代では
鎌倉幕府も室町幕府も
将軍宣下の年を「スタート」と
見ていないことを考えると
江戸幕府も
「すでに1600年に
成立していた」と
考えることもできそうですね

＊歴史上の事件＊

1603年
徳川家康が征夷大将軍に。江戸幕府を開く

1603 異論を認めず家康将軍

無《⑥》意《①》識《④》　冬の陣

1614
ピンチで無意識 冬の陣

関ヶ原から14年
最後の仕上げとばかりに
家康が動く
大坂城攻略戦
「大坂冬の陣」です
「歴史にタラレバは
NG」といいますが
もし淀君が
現実を見ていたら？
豊臣家が存続する
ことだけを考えて
徳川家康に土下座外交を
展開していたら？
実際 織田信長の織田家は
一大名として幕末まで
続いています
豊臣家もそんなふうに
小さく続いていたかも
しれません
しかし現実には
翌年の「夏の陣」で
大坂城は落城
淀君も秀頼も
城といっしょに
散ってしまいました
もっとも家康は
自分が死ぬまえに
絶対に豊臣家を
滅ぼしておく
と決めていたのかもしれません
まるで豊臣家の最期を
見届けて安心したかのように
翌1616年
家康は亡くなります

① ピンチで

淀君

1637

命無《む》残《ざん》な島原の乱

1637
命無残な島原の乱

「島原の乱」の
直接の原因は
島原領主松倉氏と
天草領主寺沢氏の
残酷な統治
重い年貢に苦しむ領民や
弾圧されたキリスト教徒が
立ち上がり
3万人もの反乱軍が
原城跡に籠城します
そのリーダーとなったのは
天草四郎時貞
彼は幼いころから
カリスマ性を
発揮していたそうです
この人の登場については
「16歳の天童が現れ
天国《パライソ》が実現すると
予言されていた」
という伝説もあります
反乱軍は
約12万人の
幕府軍を相手にして
3カ月間
持ちこたえますが
最後は全滅する
しかし
島原領主　松倉勝家も
乱を招いた責任を問われて
なんと斬首になりました
江戸時代
大名が斬首された例は
この松倉勝家だけです

＊歴史上の事件＊
1637年
島原の乱

＊歴史上の事件＊
1639年
ポルトガル船来航禁止。鎖国の完成
だよ。
ン、サ《③》ンキ《⑨》ューな!

1639

鎖国だよ。一年ローン、サンキューな!

江戸幕府も最初は
ウィリアム・アダムズ(三浦按針)
ヤン・ヨーステンなど
海外から来た人材を起用
ウィリアム・アダムズ
ヤン・ヨーステン
意外と外国との貿易に
積極的でした

しかし
1633年に
第一次鎖国令が出され
許可状をもらった船以外の
日本船の海外渡航が
禁じられる
そして
1639年に出された
第五次鎖国令で
ポルトガル船の来航が禁止
鎖国が完成します

小さな窓口を残して
海外交流を
制限した日本は
200年以上の
安定を実現する
しかしその安定と
引き換えにするように
世界の「イノベーション」から
取り残されることになりました

幕末
ペリーの黒船が
来航すると
人々は
黒船
スゲー!!
とめっちゃ
ビビる
その衝撃が
明治維新につながります

鎖国
1
6
一年ロー

＊歴史上の事件＊
1685年
生類憐みの令
徳川綱吉
ロ《6》ンパ《8》！ゴ《5》リ押し
生類憐みの令

1685

はい、ロンパ！ゴリ押し生類憐みの令

1 6 8 5
異論は誤解だ
生類憐みの令
①
はい、
蚊を殺しただけで島流し！
犬をいじめたら極刑！
そんな悪いイメージしかない「生類憐みの令」
これを出したのは第5代将軍の綱吉
そのせいで綱吉のイメージも悪いのですが、近年では再評価が進んでいるそうです
この時代まだ戦国の気分が残り世の中はサツバツとしていた捨て子なども多かった
そうした時代に綱吉は儒教にもとづく「文治主義」を打ち出す
すべての命をだいじにせよ
それが「生類憐みの令」の本来のコンセプト
綱吉の政治は実際に社会に「優しさ」をもたらす効果があったそうです
綱吉将軍の時代に町人も広く担い手となった「元禄文化」が生まれます
ちなみに「生類憐みの令」は次の家宣将軍が廃止しました

＊歴史上の事件＊

1716年
徳川吉宗、享《きょう》保《ほう》の改革開始

16 ヒーロー 吉宗将軍

1716

美男のヒーロー 吉宗将軍

第8代将軍吉宗は
紀州徳川家から来て
宗家を継いだ人
「**享保の改革**」を行い
江戸幕府の政治を
「リフレッシュした人」
として知られます
その基本精神は
「質実剛健」
幕府運営コストの
ムダをあらため
新田開発を進めた
また人事制度も改革し
優れた人材が
登用されるようにする
庶民の声を聞く
「目安箱」も
設置しています
目安箱
本人も質素な生活を
送った人ですが
徳川将軍歴代ナンバー1の
教養人でもあったそうです
しかし吉宗のあと
18世紀の後半になると
社会構造も変わってくる
千両
第10代将軍家治の代には
「**どんどんお金を使って**
経済を回そう」派の
老中　田沼意次《たぬまおきつぐ》が登場
「**田沼時代**」と
呼ばれることになります

1《び》7《なん》美男の

＊歴史上の事件＊
1787年
松平定信、
寛政《かんせい》の改革開始
ハデな下着もダメ!!

インナー花柄 寛政の改革

第11代将軍家斉のもとで
老中首座に就任した
松平定信
白河藩主
実は私
吉宗公の
孫なんです
子どものときから
頭がよかったそうですが
「賄賂がはびこった田沼時代
の空気をあらためよう」と
いうことで
「寛政の改革」を進めます
そのポリシーは
やっぱり質実剛健!
ぜいたくは
敵じゃ!
ただ厳しくし過ぎて
庶民の間では
えー
ブーブー
田沼時代のが
よかった
という声も出ました
江戸幕府は米で税金を治める
「米本位制」
農業ベースなだけに
どうも全体的に
マネーの話が苦手で
改革も「節約」が基本
節約
しかし「消費を抑える
だけじゃダメだ」と
思う人はやはり
いたようです
雨月物語
上田秋成の書いた
「雨月物語」(1776)にも
「むやみに卑下せず
お金とちゃんとむきあおう」
という話が出てきます

1787 インナー花柄 寛政の改革

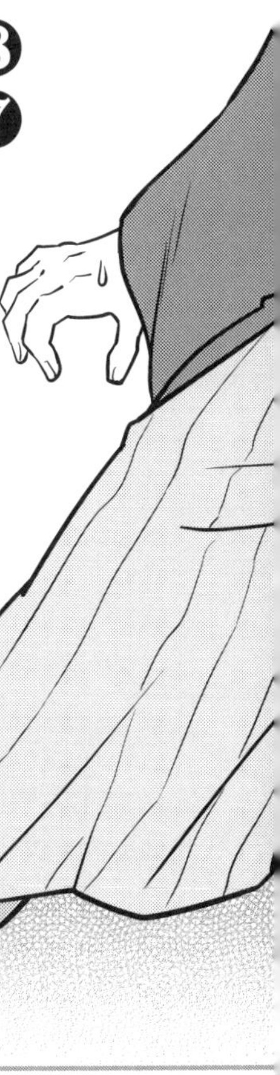

⑤ 強引打払令

＊歴史上の事件＊

1825年 異国船打払令

1825 いやに強引 異国船打払令

1 8 2
いやに
異国船

鎖国を行い
200年以上の平和を
実現した江戸幕府
しかし
その貴重な平和も
19世紀に入るあたりから
雲行きが怪しくなって
いきます
北方では
1804年に
ロシア船が
樺太や択捉島
を攻撃
また長崎では
1808年に
イギリス船が
オランダ商館員を
人質にとった
「フェートン号事件」が
起こります
その後も
イギリスやアメリカの船が
日本近海に出没
1825年幕府は
「異国船打払令」を出し
問答無用で撃退するように
命じました
しかし
アジアの大国の清が
「アヘン戦争」で
敗れたことを知り
1842年に
打払令は
撤回されました
清
「幕末」はもう
すぐそこまで
来ています

1837 イヤミな幕府に反乱を

1837

HEIHACHIRO

平八郎 イヤミな幕府に反乱を

平八郎

＊歴史上の事件＊

1837年

大塩の乱

江戸時代には
1732年に「享保の飢饉」
1782年に「天明の飢饉」が
起こってしまいましたが
その後の農業生産は
比較的順調でした
ところが
天保年間の
1832年〜1833年
凶作に見舞われ
「天保の飢饉」が起こる
「天下の台所」の大坂でも
飢饉の影響は大きく
餓死者が出た
しかし奉行所は
対策をとらないし
豪商は米を買い占めて
大もうけしている
見かねた
大坂町奉行所の与力
大塩平八郎が
反乱を起こします(＊)
その蜂起は半日で
鎮圧されますが
社会に与えた
インパクトは
大きかった
ちなみに
大塩平八郎は
陽明学者として
知られていました
この学問は
「実行」を重んじます
吉田松陰も学び
のちの西郷隆盛も
大塩の著作を
愛読していたそうです
昭和の二・二六事件にも
影響を与えています

＊激しい性格の人だったそうです

＊歴史上の事件＊

1841年

水野忠邦、

天保《てんぽう》の改革開始

❶ ❽ ❹ ❶

いやしいぞ！
水野がブチキレ
天保の改革

1841

いやしいぞ！水野がブチキレ天保の改革

飢饉が起こる
異国の船が現れる
経済の矛盾は大きくなる
幕府の財政はムダだらけ
国のなかも外も問題ばかり
まさに「内憂外患」!!
そうした時代に
老中首座として
登板した人が
水野忠邦
享保と
寛政の政治に
帰ろう!!
ということで
倹約令を打ち出し
ハデな服や芝居
豪華な食事などを
がんがん規制します
しかしこの改革も
世間ウケが
めちゃくちゃ悪く
2年で終わる
水野も
失脚して
しまいました
武士のルーツは
開拓農民
そのためかどうも
商業が苦手
武士社会では
商人と手を結び
経済活性化を目指す
「田沼意次
タイプ」の人は
評判が悪い
むしろ
源頼朝のむかしから
「ぜいたくは敵」
それはそれで「武士の美学」
なのかもしれません

江戸時代の最初のころは日本人も海外に進出
山田長政
タイの王国で活躍した山田長政のような人も現れました
しかしやがて幕府はごく小さいチャンネルをのぞいて外国との交流を断つ
島国の日本では「変化」はいつも外国からやってくる
じゃあ交流しなければ変化もないじゃん!
ということで幕府は200年以上もの安定を実現しますが
同時に世界の「イノベーション」からも取り残されることになりました
18世紀になると産業革命が起こり工業化が進む
ヨーロッパの国々は原材料と市場《マーケット》を求めて植民地の獲得を目指すようになります
その波が東アジアにおよびついに日本にも黒船がきた!

ある日
浦賀沖に
4隻の黒船が現れ
開国を迫った
キャーッ
江戸の町が
砲撃されるー！
うわあああ
そんな噂が広がり
人々は大混乱に
陥ります
しかし幕府の
偉い人は
オタオタして
いるだけ
この衝撃から
幕末の動乱は
はじまります
200年も外国のことを
知らずに来ただけに
それはものすごい
衝撃でした
幕藩体制では
もうムリ
むかしのように
天皇を中心にして
まとまろう！
そして
外国勢力を
追い払え！
尊《そん》王《のう》攘《じょう》夷《い》
このムーブメントが
熱狂的に広がる
やむにやまれぬ
衝動に突き動かされて
続々と「志士」たちが
活動をはじめます
その中には
「ただ暴れたいだけ」の
人もいたことでしょう
うかつなことを
口にだすと
命も危ない
そこには
ひとつ間違えると
国を滅ぼすほどの
エネルギーが
ありました

歴史上の事件

1853年 ペリーの浦賀来航

①いや、こっち⑧見んな！⑤ペリーさん③

18世紀の後半 イギリスで 産業革命が起こる
工業化が進んだ 欧米の国々は 市場と原料を求めて 植民地獲得に乗り出した
その波はついに日本にも及び 1853年 アメリカ東インド艦隊 司令長官ペリーが4隻の 軍艦を率いて浦賀沖に 現れます
開国シナ サーイ！
まえもってオランダが 「蒸気船の時代なので開国 したほうがいいんじゃね？」と アドバイスしてくれていた
そんな話もありますが スルーしていた幕府は 大あわて
幕藩体制では もうダメじゃ
もっと 強い国を つくらねば
幕末の動乱の 開幕です！

商条約

＊歴史上の事件＊

1854年

日米和親条約を結び、開国する

①

日米和親 ひとりで

⑧ ⑤ ④

ハンコ しかたなく

1854 1858
日米和親 ひとりでハンコ しかたなく
日米修好通商条約 ひとりでハンコ やっちゃった

日米修好通
①⑧⑤ ひとりでハンコ
⑧ やっちゃった

1854年
老中首座阿部正弘はペリーと「日米和親条約」を結ぶ
朝廷
このとき阿部正弘は経緯を朝廷に報告
また大名にも意見を求めようとします
大名
そして1858年に
大老井《い》伊《い》直弼《なおすけ》がハリス(*)と「日米修好通商条約」を結ぶ
タウンゼント・ハリス
この修好通商条約は
日本側が関税を自由に決められなかったり
領事裁判権(治外法権)を飲まされていたりと
不平等な内容でした
日米修好通商条約
幕府は朝廷の許可をもらってから
この条約を結ぼうとしたのですが
強烈な「ダメ出し」をくらう
しかし井伊直弼が条約締結を強行!
その姿勢は大胆不敵というか傲岸不遜というか
現代でいえば大炎上
世論は沸騰することに

*アメリカ総領事

歴史上の事件
1858年
日米修好通商条約
通商(貿易)開始
井伊直弼
修好

LIFE IPPATSU MUTCHA ZERO
①⑧⑥ ⓪
イフ 一発むっちゃゼロ
Critical!
Critical!
NAOSUKE・I
井

1860

直弼のライフ 一発むっちゃゼロ

NAOSUKE NO

直弼のラ

外国からの脅威にどうやって対抗するか？
なにも最初から**「幕府をつぶして新しい政権をつくろう」**というハードな意見が主流だったわけではありません
幕府をリニューアルして対応しよう
朝廷と幕府がもっとコラボして政治をやろう
そうしたなか大老井伊直弼のスタイルは
圧倒的「徳川ファースト」！
ドン
幕府の権威を取り戻そうとして幕府アンチに見えた人をばんばん処罰
「安政《あんせい》の大獄《たいごく》」です！
しかしこれはいかにも時代のトレンドに逆行していた
井伊直弼は江戸城に向かうところを水戸藩士らに襲撃され命を落とすことになります
国学を学び茶人としても一流
武術にも通じていた
しかし先を見る眼だけは持っていなかったことがこの人の不幸でした

＊歴史上の事件＊

1860年
桜田門外の変

＊歴史上の事件＊
1863年
薩英戦争
鹿児島沖で薩摩藩とイギリスが交戦

1863

薩摩沖 一発霧散 攘夷の心

勇ましいことをいうほうが
テンションも上がるし
まわりにもウケる
しかし
ぶっちゃけ攘夷はムリ
このヘタレが——っ!!
うっかり現実的なことをいうと**チキンのレッテル**を貼られるのが動乱の時代
世の中の空気はどんどん過激になっていきます
1862年には**「生麦事件」**が起こる
大名行列に行きあったイギリス人男女を薩摩藩士が殺傷します
翌1863年この事件の報復のため鹿児島を襲ったイギリスの軍艦と薩摩藩が交戦
ドカーーン
この戦争の結果薩摩藩は今すぐの攘夷にリアリティがないと知る
しかし薩摩藩はこういうところが「大人」で密かに中身だけ開国に転換していきます
いっぽうイギリスもしたたかな「大人」
薩摩藩に興味を持ち戦争はむしろ両者が近づくきっかけとなりました

薩摩沖 一《1》発《8》霧《6む》散《3さん》 攘夷の心

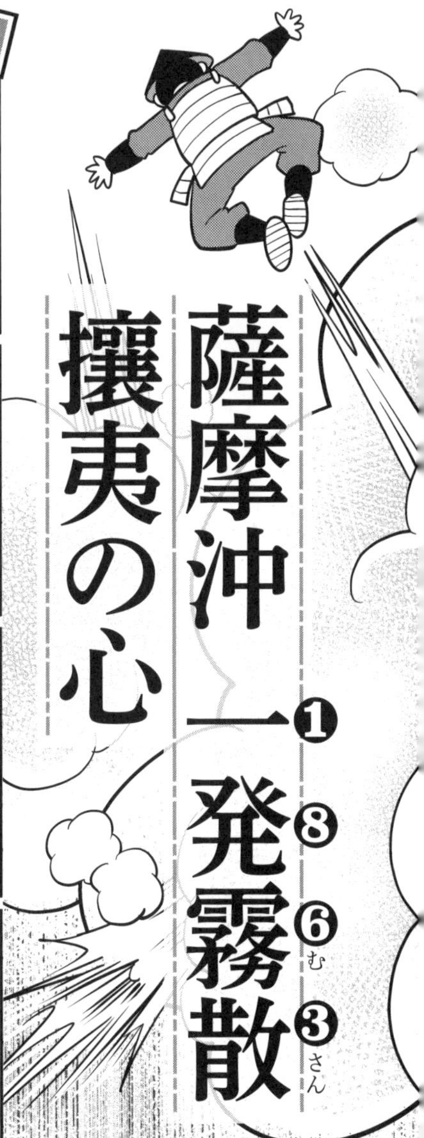

1864
嫌だむしるな 下関

＊歴史上の事件＊

1864年
四国艦隊 下関砲撃事件

１８６３年５月
朝廷のプレッシャーに
耐えかねて
第14代将軍家茂が
「攘夷」の決行を
命じる
長州藩は
ノリノリで
ほんとうに
攘夷を実行
下関海峡を通る
外国船を砲撃する
しかしその結果
翌１８６４年に
アメリカ　イギリス
フランス　オランダの
四ヵ国艦隊から攻撃を受ける
「四国艦隊下関砲撃事件」です
長州藩の砲台が
壊されました
しかも長州藩は同時期に
兵を京都に送り「禁門の変」を
引き起こす
ついに朝廷からも
敵と見なされ
幕府から征討を
受けることに
幕府の征討は
「ひたすら恭順」で
乗り切りますが
高杉晋作たちが
奇兵隊を率いて
クーデターを決行
藩政の主導権を
若手の過激派が
握ります

①⑧　⑥④

嫌だむしるな
下関

1866 一夜むんむん 薩長同盟

1866

一夜むんむん　薩長同盟

＊歴史上の事件＊

1866年

薩長同盟成立

倒幕運動が加速する

朝廷の支持者を失い
幕府からも攻めこまれた
大ピンチの長州藩に
思わぬフレンドが登場
なんと
薩摩藩
です！
薩摩藩は
長州藩にとって
「禁門の変」で戦った
憎い相手でした
しかし長州藩の
高杉晋作や
桂小五郎
薩摩藩の
大久保利通や
西郷隆盛たちは
西洋文明の実力を
痛感していた
今のままでは
日本はダメだ！
体制を一新して
欧米に追いつか
なければ！
と考える点で
一致していました
そこで坂本龍馬
中岡慎太郎の仲介があり
長州と薩摩は密かに
手を結ぶ
この「薩長同盟」の成立で
「幕府を倒そう」という
流れが一気に
加速することになります

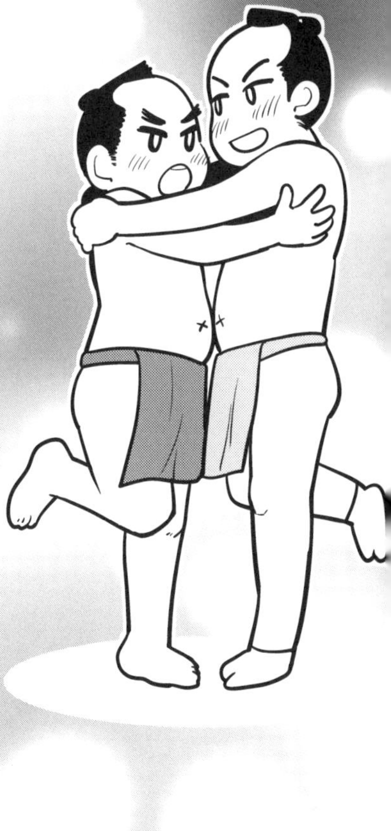

＊歴史上の事件＊
1867年
徳川慶喜、
大政奉還。
王政復古の
大号令
慶喜さん、
① ⑧ ⑥⑦
いっぱい胸毛で大政奉還

1867 慶喜さん、いちばんぶなんに大政奉還

1867
慶喜さん、いちばんぶなんに大政奉還
開国シナサーイ
アナタノ国ニ不利ナ条約結ビナサーイ!
こんな外国勢力は打ち払え!
と いうのはかんたんで
パッと見 正論っぽい
しかし実行すれば国際問題に
攘夷
攘夷
そんなムチャブリでプレッシャーをかける薩長の本音は
倒幕!!
しつこいムチャブリでアオりまくって幕府を揺さぶる
そして新しい政権をつくることが真の狙い!
ところが第15代将軍慶喜が倒幕派の先手を打って自分から政権を朝廷に返上してしまいます
この奇策が「大政奉還」
ついに「王政復古の大号令」が発せられる!
政権
しかし倒幕派はさらなるムチャブリをしかけていくのでした

明治
文明開化　キャッチアップだ、がんばろう!

明治維新によって日本はまるきり違う国にチェンジしました
そのとき理想とされたのが古代の律令国家
「天皇を中心にしてひとつにまとまった国」です
そういうとなんだか絶対王政を目指したみたいに聞こえるかもしれませんが
キーワードは
「一君万民」
天皇のもとでは武士も庶民もみんな平等
この思想によって「四民平等」が実現したわけです
がんばればみんな博士でも大臣にでもなんにでもなれる!
「立身出世」を目指そう!なんにでもなれる!
身分が固定されていた封建時代とはちがってやる気のある人にはやりがいのある世の中だったかも
そんな時代が実現した
いっぽうそもそもそんな大変化を実行したのは
「外国の植民地にされないようにしよう」
という危機意識のためでした

だから明治国家が
目指したのは
「富国強兵」
「文明開化」を進め
欧米にキャッチアップ
そして国力をアップして
外国にナメられない
軍事力を持つ
1873年(明治6年)には
徴兵令が出され
国民みんなが
兵役の義務を
負うことになる
実際に
「西南戦争」で
徴兵された元一般人が
戦場に送られます
そして
「日露戦争」では
国の総力を上げた
近代戦争を
戦うことになります
そこで払った犠牲は
あまりに
大きいものでした
その意味では
明治の世は重い
幸徳秋水《こうとくしゅうすい》らが
冤罪で死刑に
されてしまった
「大逆事件」も
起こっています
しかし
「文明開化」だ!
世界の流れに
キャッチアップしよう!
こういう
変わり身のはやさは
日本のまあまあ
いいところかも
しれませんね

・伏見
⑥ ⑧
むやみな戦争は

1868

TOBA FUSHIMI

鳥羽・伏見イヤどす むやみな戦争は

政権を返しても徳川家は最大の大名
倒幕派はあくまでその徳川を戦争に追い込もうとします
「新しい時代をつくるため古い時代をかんぜんに壊す」
薩摩藩の西郷隆盛はそのように考えていたのでしょうか？
朝廷は慶喜に「官位と領地を返上せよ」（**辞官納地**）といいわたす
これに幕臣たちが反発して**「鳥羽・伏見の戦い」**になる
ここから約一年半にわたる「戊辰戦争」がはじまります
慶喜は徹底的に恭順し江戸は無血開城
しかし戦場が東北にうつり「白虎隊」の悲劇が生まれるなど諸藩が苦しむことになりました

＊歴史上の事件＊
1868年
鳥羽・伏見の戦い
戊辰戦争がはじまる
鳥羽
①⑧
イヤどす

1871 いやな言いかた、廃藩置県

1871 いやな言いかた、廃藩置県

歴史上の事件 1871年 廃藩置県

江戸時代の「幕藩体制」では
日本は徳川家を盟主にした
各藩の集合体
酒井
井伊
本多
徳川
前田
松平
山内
伊達
毛利
黒田
明治政府が
目指したものは
強力な統一国家
だから
藩を解消し
中央がトップダウンで
統治するシステムを
つくる必要が
ありました
知藩事
大名
そこでまず1869年に
「版籍奉還」が行われ
旧大名は知藩事になる
そして1871年には
ついに廃藩置県を断行
すべての藩が廃止され
あらたに府県が置かれる
そして府知事・県令が行政を
担当することになります
知藩事
知事
よくもまあ
こんな大改革が
やれたな!
そう感じますが
それだけすでに各藩の
財政が行き詰まっていた
知藩事
「幕藩体制」は
経済的にも限界に来ていた
ということなのでしょう

＊歴史上の事件＊

1873年

地租改正

地租改正

ひとすじ鼻みず、

1 8 7 3

1873

地租改正 ひとすじ鼻みず、泣けてきた

江戸時代の税制は
お米を年貢として納める
「現物納」
お米はおいしい!
しかしお米だと
ネズミによる食害で
損失が出る
なにより収入が不安定で
予算が立てづらい
そこで明治政府が
行った改革が
「地租改正」
全国の土地の地価を定め
その3%を
税(地租)として
お金で徴収することにした
でもみなさんのご家庭も
「来年から米で納税な!」
といわれたら「えーっ!?」って
なるでしょう?
「これからお金で納税な!」
といわれた農家も
やっぱり大変で各地で
「地租改正反対一揆」が起きる
政府は地租を下げますが
それでも負担は重い
自分の田畑を売って
地主の小作人になるなど
農村は疲弊《ひへい》していく
そのいっぽうで
「寄生地主」
と呼ばれる
小作料収入で
がっつり栄える
大地主も現れます
泣けてきた

＊歴史上の事件＊
1875年
ロシアと樺太・千《ち》島《しま》
交換条約締結
千島列島

1　8　7　5

いちばん難《なん》航《こう》
樺太・千島交換条約

1875

いちばん難航 樺太・千島交換条約

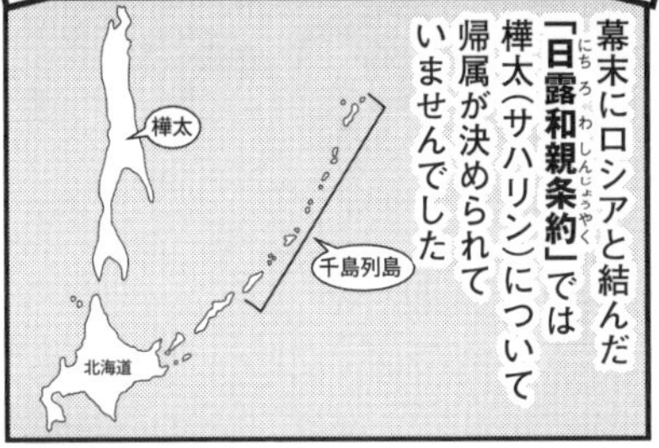
幕末にロシアと結んだ
「日《にち》露《ろ》和《わ》親《しん》条《じょう》約《やく》」では
樺太(サハリン)について
帰属が決められて
いませんでした
樺太
千島列島
北海道

そのため
この島をめぐって
しばしば争いが
起こっていたのですが
日本側が譲歩

1875年に
樺太・千島交換条約を結び
千島列島が日本領
樺太はロシア領となります
樺太に住んでいた
アイヌの人々は
北海道に
強制移住させられる
ことになりました

南方では
1879年に
「琉球処分」が行われ
琉球藩および琉球王国を
廃止してしまい
沖縄県が置かれます

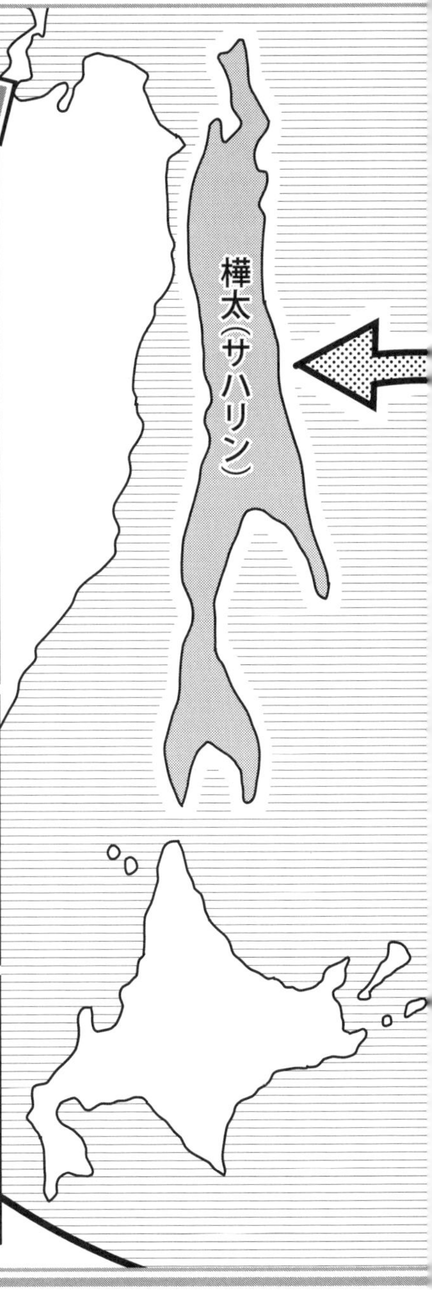
樺太(サハリン)

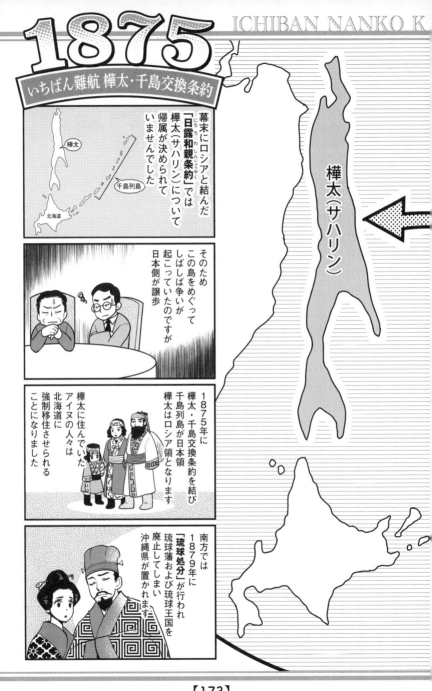

1877

ひと花なくした西南戦争

＊歴史上の事件＊

1877年

西南戦争

鹿児島県の士族が
反乱を起こす

明治維新は「攘夷」の
勢いに乗って成立しました
しかし明治政府は
旧幕府の開国路線を継承
文明開化を
押し進めます
こんな政府を
つくるために
みんな死んで
いったわけではない
裏切られたと
感じた人も
いたことでしょう
各地で士族の反乱が起こります
社会の変化は庶民にとっても
重く徴兵令や地租改正に
反発する一揆も起こりました
そうした中　最大にして
最後の士族の反乱が起こる
1877年「**西南戦争**」です
旧薩摩藩士族が
九州で蜂起
リーダーとして
押し立てられたのは
維新の英雄
西郷隆盛その人
しかし新政府軍が
反乱を鎮圧し
西郷も散ります

1877

ひと花なくした 西南戦争

188《は》9《く》
一発箔づけ
帝国憲法

1889
一発箔づけ 帝国憲法
＊歴史上の事件＊
1889年
大日本帝国憲法
発布
ジャーナリスト
徳富蘇峰《とくとみそほう》は
「藩しか意識していなかった人々が黒船を見てはじめて『国家』を意識した」
ということを語っています
それで自分たちも「国家」をつくろうとするわけですが
国家には「国民」がいないとダメらしいぞ
?
福沢諭吉は「学問のすゝめ」で「日本には政府だけあってまだ国民はいない」と指摘しています
「真の国民が存在しない国は弱い国民主権を進めよう」と「自由民権運動」が広がりますがやがて停滞
1889年には天皇大権を定めた「大日本帝国憲法」が発布されました
同時に「衆議院議員選挙法」も公布され(＊)日本はアジアで初めての立憲国家となります
投票

＊ただし有権者は満25歳以上の男性で、直接国税を15円以上納めた者に限られたため人口の1％強しかいませんでした

ひと《1》山《8》、来る《9》よ《4》 日清戦争

1894

ひと山、来るよ 日清戦争

日本も開国を迫られて
大モメにモメましたが
この事情はおとなりさんの
朝鮮も同じ
外圧が来て
開国かそれとも
歴史的に冊封関係にあった
清との絆を深めるか
モメることになります
これは日本サイドの勝手な
視点なのですが 日本としては
「朝鮮が不安定では困る」
と思っていました
清
朝鮮
日本
不安定になって
清やロシアなどに
支配されてしまうと
日本は危険な勢力と
直接　接することになる
よくいえば
それが地政学的視野
ぶっちゃけ
「朝鮮にクッションに
なってほしい」という
日本の勝手な都合
そうした
朝鮮の状況をめぐって
清と日本が対立し
1894年に開戦
日本は遼東《りょうとう》半島を占領し
黄海《こうかい》海戦では
清の北洋艦隊に勝利する
1895年
「下関条約」を締結
国民も戦勝に
わきます

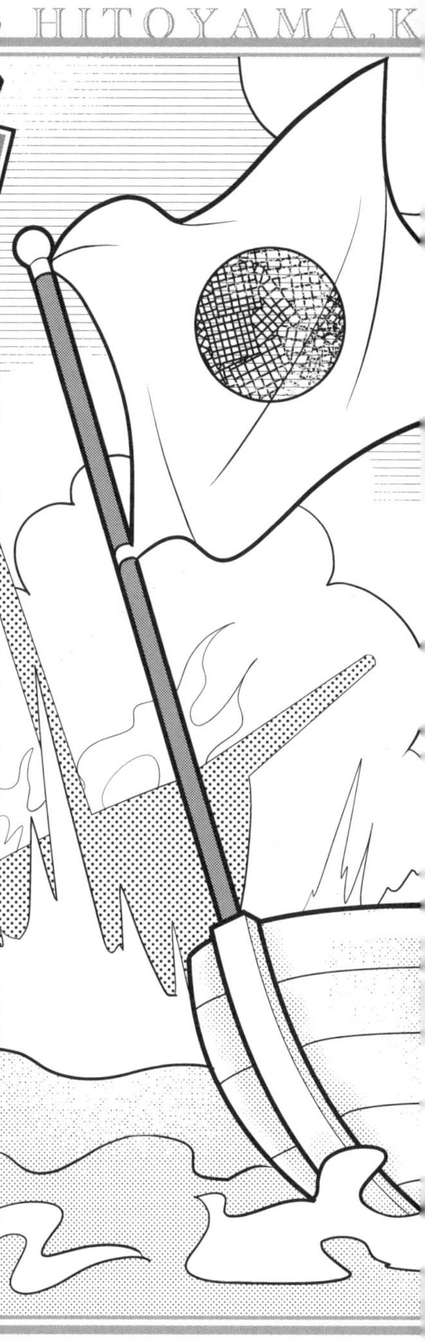
HITOYAMA.K

万!? 遼東半島高くつく

＊歴史上の事件＊

1895年

三国干渉、遼東半島返還

1895

1泊5万!? 遼東半島高くつく

1895
1泊5

日清戦争に勝利した日本は
1895年に
「下関条約」を結ぶ
その内容は主に
「清国は朝鮮の独立を認める」
「遼東半島
台湾・澎《ほう》湖《こ》諸島を日本に譲る」
「日本に賠償金を支払う」
などでした

しかし「遼東半島の割譲」に
ついては東アジア進出を
もくろむ帝政ロシアが介入
ロシアはフランスとドイツを
誘って日本に遼東半島の
返還を要求します
ロシア
ドイツ
フランス
これが
「三国干渉」
日本政府は
その要求を飲むしか
ありませんでした

世論は沸騰
「臥《が》薪《しん》嘗《しょう》胆《たん》」という
標語が流行します
これは
中国の
故事から
来た言葉で
「苦い胆をなめ
薪の上に寝て
あのくやしさを忘れない
ようにする」という意味
当時の人々の
気持ちが伝わってきます

この時期が
社会の大きな
転換点となりました

1902

イギリス人 退くほど鬼じゃなかったよ

＊歴史上の事件＊

1902年

日英同盟

日本がイギリスと同盟を結ぶ

「敵の敵は味方」は
外交の基本原則です
明治日本にとって帝政ロシア
は「三国干渉」の相手
しかもロシアは1891年に
シベリア鉄道の建設を開始
日本はその東アジア進出を
リアルな脅威と
とらえていました

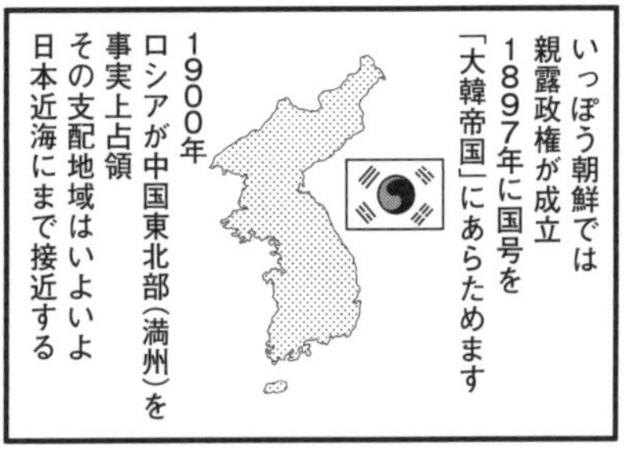
いっぽう朝鮮では
親露政権が成立
1897年に国号を
「大韓帝国」にあらためます
1900年
ロシアが中国東北部（満州）を
事実上占領
その支配地域はいよいよ
日本近海にまで接近する

「よろしい ならば戦争だ！」
となったわけではなく
政府要人では伊藤博文が
戦争回避のために動く
そうした中
ロシアの権益拡大を危惧する
イギリスと日本は利害が一致

1902年に
「日英同盟協約」を
締結します
幸徳秋水のように
「非戦論」をとなえる人も
いましたが
ロシア軍の満州駐留は続き
状況は開戦へと傾いていきます

02

ど鬼じゃ

❶ ❾

イギリス人 退《ひ》くほ なかったよ

歴史上の事件
1904年
日露戦争開戦

1904 ひとつくれよ! ロシアの権益

1904 ひとつくれよ! ロシアの権益

1904年、ついに日本と帝政ロシアが開戦
「日露戦争」です
考えてみれば日本がわざわざ明治維新をやって武士も庶民も大変な思いをしたのはこうした戦争に備えるため
富国強兵
とはいえ維新からまだ40年政府や軍の高官はもとはちょんまげの侍だった人たちです
それが20世紀に入って近代戦を戦うわけで国力にはものすごい差がありました
しかし日本は大きな大きな犠牲を出しつつなんとかギリで優勢に
その背後にはイギリスアメリカの思惑と支援もありました
そして「日本海海戦」で日本がバルチック艦隊に勝利ようやく講和の流れが動き出します

＊歴史上の事件＊
1905年
ポーツマス条約
小村寿太郎
ウィッテ

1905 ポーツマス、ひぐれ後までも大激論

1905

ポーツマス、ひぐれ後までも大激論

セオドア・ローズヴェルト
米大統領が斡旋に動き
アメリカ　ポーツマスで
日本とロシアの
講和会議が
開かれます
しかし
どちらの国も
ゆずれない事情があり
会議はめちゃくちゃ
モメます
ロシア皇帝ニコライ2世に
してみると
日本と講和すること自体
屈辱だったことでしょう
しかし
相次ぐ敗戦で
帝政の足元が揺らいでいた
日本も限界でしたが
大きな犠牲を
払っただけに
世論が求めるものは
大きい
ロシア全権大使
ウィッテも
日本の全権大使
小村寿太郎も
ともにむずかしい立場
しかしついに
「ポーツマス条約」を調印
日本は韓国への指導・監督権を
認められサハリン南部（樺太）
を得るなどしますが
賠償金は支払われなかった
なんのための
犠牲だっ！
講和反対
激しいデモが起こり
小村寿太郎は
世論の
ふくろ叩きに……

10 重大 韓国併合

1910

ひどく重大 韓国併合

日露戦争に勝利した日本は韓国への「指導・監督権」をロシアからも認められます
1905年に「第2次日韓協約」を結び統監府を置いて外交権を奪う
初代統監は伊藤博文
さらに1907年には「第3次日韓協約」を結び内政権も奪う
韓国の反発は激しくなり義兵運動が本格化
ハルビン駅前で前統監の伊藤博文が暗殺されます
日本政府は韓国に憲兵隊を常駐させる
そして1910年ついに「韓国併合条約」を結ばせて朝鮮総督府を置きます
初代総督には陸軍大臣の寺内正毅《てらうちまさたけ》が任命されました
それが「帝国主義」というものではあるのかもしれませんが
韓国の人の気持ちを踏みにじり日本は同化政策を進め
その歴史はふたつの国の間で重い禍根となりました

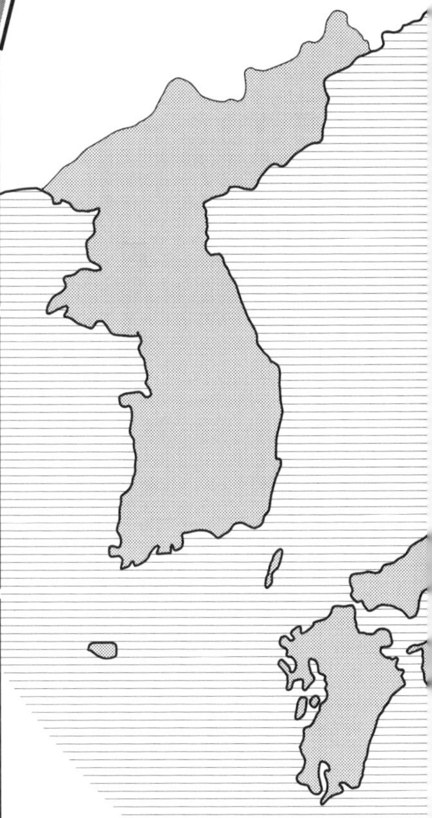

ンゲール、いい《①①》声で関税自主権回復

（注）ナイチンゲールは小夜鳴鳥。スズメ目ヒタキ科の鳥。美しい鳴き声で知られる。

1911

ナイティーンゲール、いい声で鳴いた 関税自主権回復

19 ナイティー鳴いた

幕末に井伊直弼が結んだ
日米修好通商条約は
「日本が関税を設定できない」
など不平等な内容に
なっていました
修好
幕府はこうした条約を
他の列強とも結び
それを引き継いだ明治政府は
めっちゃ苦労します
領事裁判権(治外法権)に
ついては1894年
イギリスとの
交渉で撤廃
他の国もつづく
そして
日露戦争に勝利した日本は
世界の主要プレイヤーの
ひとつと見られるようになり
1911年に
「日米通商航海条約」を締結
これで「関税自主権」を
取り戻します
幕末から
50年以上も
かかったわ!
ちなみにこちらも
交渉を行ったのは
小村寿太郎
「ポーツマス講和会議」に
続いて
「関税自主権の回復」という
むずかしい外交問題を
無事に着地させました

＊歴史上の事件＊

1911年

関税自主権回復

日本は明治から大正にかけて
1894年　日清戦争
1904年　日露戦争
1914年　第一次世界大戦
ほぼ10年ごとに大きな戦争をやってきました
しかし第一次世界大戦のあと世界史的にも「国際協調」の流れが出てきます
LEAGUE OF NATIONS
SOCIÉTÉ DES NATIONS
国際連盟が創設され日本は4ヵ国からなる常任理事国のひとつを務めることになりました
もとは黒船が4隻来ただけでビビりまくって不平等条約を結ばされた国です
それが今では世界のメインプレイヤー
うれしかったことでしょう
よろこびのあまり客船をチャーターして大代表団を送りこんだそうです

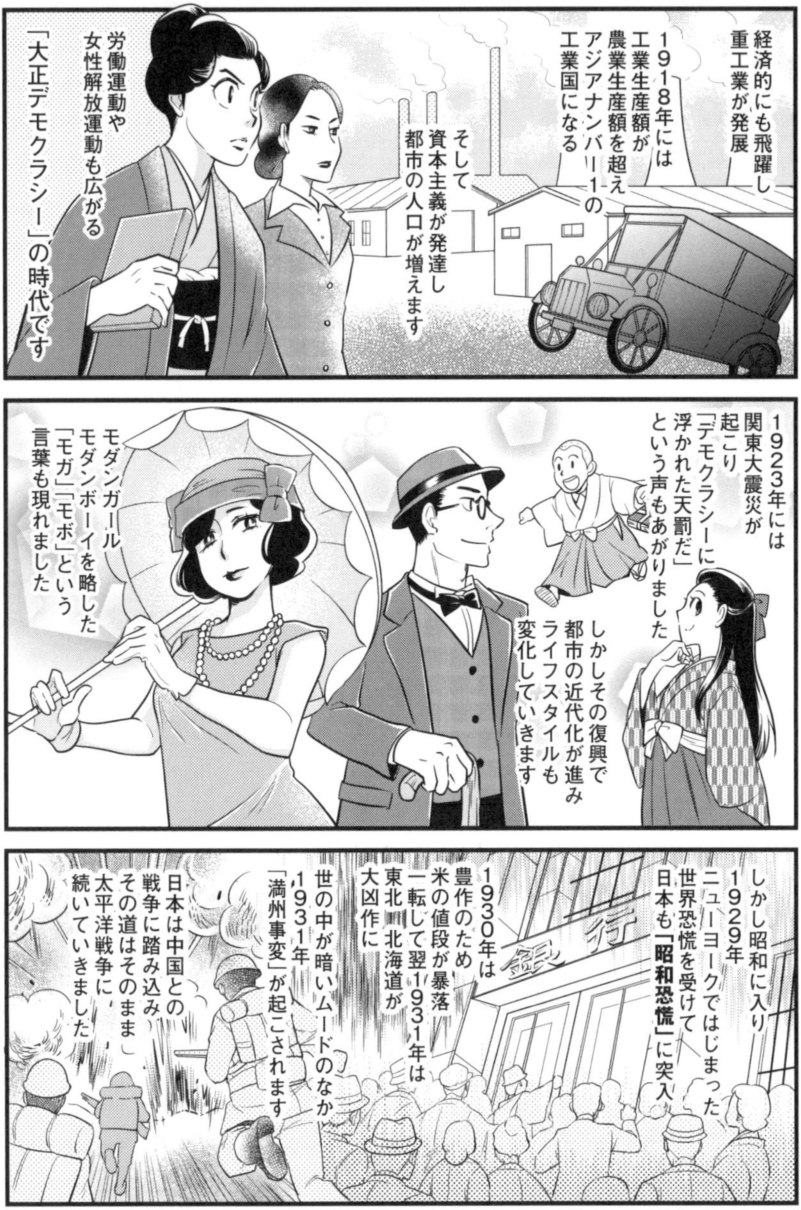

経済的にも飛躍し重工業が発展
1918年には工業生産額が農業生産額を超えアジアナンバー1の工業国になる
そして資本主義が発達し都市の人口が増えます
労働運動や女性解放運動も広がる
「大正デモクラシー」の時代です
1923年には関東大震災が起こり「デモクラシーに浮かれた天罰だ」という声もあがりました
しかしその復興で都市の近代化が進みライフスタイルも変化していきます
モダンガールモダンボーイを略した「モガ」「モボ」という言葉も現れました
しかし昭和に入り1929年ニューヨークではじまった世界恐慌を受けて日本も「昭和恐慌」に突入
銀行
1930年は豊作のため米の値段が暴落一転して翌1931年は東北・北海道が大凶作に
世の中が暗いムードのなか1931年「満州事変」が起こされます
日本は中国との戦争に踏み込みその道はそのまま太平洋戦争に続いていきました

1914

ひとくちいっしょに噛みにいく

1914

大戦だ。ひとくちいっしょに噛みにいく

大戦だ。

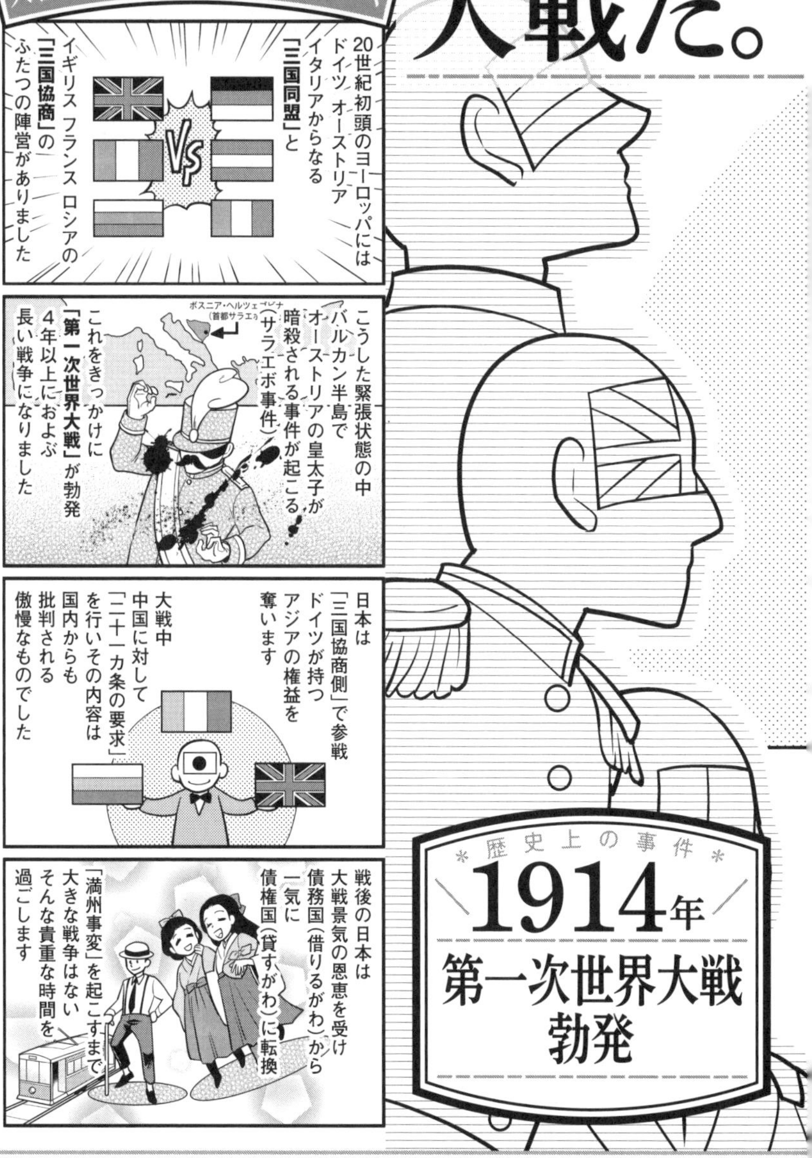
20世紀初頭のヨーロッパには
ドイツ オーストリア
イタリアからなる
「三国同盟」と
イギリス フランス ロシアの
「三国協商」の
ふたつの陣営がありました
VS
こうした緊張状態の中
バルカン半島で
オーストリアの皇太子が
暗殺される事件が起こる
（サラエボ事件）
ボスニア・ヘルツェゴビナ
これをきっかけに
「第一次世界大戦」が勃発
4年以上におよぶ
長い戦争になりました
日本は
「三国協商側」で参戦
ドイツが持つ
アジアの権益を
奪います
大戦中
中国に対して
「二十一カ条の要求」
を行いその内容は
国内からも
批判される
傲慢なものでした
戦後の日本は
大戦景気の恩恵を受け
債務国（借りるがわ）から
一気に
債権国（貸すがわ）に転換
「満州事変」を起こすまで
大きな戦争はない
そんな貴重な時間を
過ごします
＊歴史上の事件＊
1914年
第一次世界大戦
勃発

1918 ひくいや給料 米騒動

HIKUIYA
1918
ひくいや給料 米騒動
＊歴史上の事件＊
1918年
米騒動
第一次世界大戦後の好景気に沸く日本では都市に人口が集中工場労働者が増えます
しかし農村は停滞し米の値段が上昇
そこに投機的な買い占めが横行します
怒った都市の民衆や農民被差別民たちが米商人や地主を襲う
富山県からはじまったこの騒動は全国に広がり約70万人を巻き込む大きな動きとなりました
この事件ののち当時の寺内内閣は総辞職
「平民宰相」と呼ばれた原敬《はらたかし》首相の内閣が誕生します

①

国連だ ファースト

⑨ ② ⓪

クラスにお出迎え

KOKUREN DA
1920
国連だファーストクラスにお出迎え
＊歴史上の事件＊
1920年
日本、国際連盟に加盟。常任理事国に
第一次世界大戦の反省から「国際協調」を目指す動きが出てきました
個人と個人のトラブルなら警察や裁判所が介入して収めます
しかし国と国の場合仲裁する機関がないだからなにか問題があると
戦争でケリをつけたる!
かかってこいやぁっ!!
これじゃ厳しいそこでつくられた機関が
「国際連盟」
日本はイギリス フランスイタリアとともにその最初の常任理事国となります
しかし「国際連盟」はいいだしっぺのアメリカが不参加また第二次世界大戦をふせぐことができませんでした
LEAGUE OF NATIONS
SOCIÉTÉ DES NATIONS
そもそも日本がブチギレて脱退するのですが
この時期に出てきた「集団安全保障」の考え方は現代の「国際連合」に受け継がれます
［集団安全保障］
攻撃
B国
A国
制裁
C
D
E
F

＊歴史上の事件＊

1921年 原敬首相、暗殺

幾《いく》人《にん》、逝《い》ったら平和になるの？

❶❾❷❶

1921
幾人、逝ったら平和になるの？

1918年
米騒動の責任をとって
寺内正毅首相が辞任
かわって総理大臣と
なったのが原敬《はらたかし》
この人は立憲政友会という
政党の総裁《トップ》でした
現代なら政党に支持されて
総理大臣になるのはごくふつう
しかし明治や大正の
とちゅうまでは違います
藩閥内閣
ほぼほぼ薩摩藩や長州藩の
出身者が政府のトップを
占めてきた
藩閥政府は
「超然主義」を標榜《ひょうぼう》する
政党や民意なんか
気にしないので
アリマス
しかし
デモクラシーの大正時代
ついにガチの
政党内閣が成立します
原敬は「平民宰相」として
人気がありました
（南部藩家老の家柄の人
でしたが）
しかし1921年
政党政治の腐敗に怒った
青年に東京駅で
刺殺されてしまう
テロはこのあとも
続きます……

大震災1923 いくぞにいさん、大丈夫？

1923 DAISHINSAI

大震災 いくぞにいさん、大丈夫?

歴史上の事件
1923年
関東大震災
日本は世界有数の
地震国
天武天皇の時代
684年には
高知を中心に
大地震が起こり
人々が叫び山が崩れ
寺も神社も倒れて
土地が海に沈んだそうです
1707年の「宝永地震」では
東日本から西日本まで
2万人以上の犠牲者を
出したとされます
また関東では
南方沖 相模トラフの
プレート境界を震源とする
巨大地震が発生してきました
1923年には
「関東大震災」が起こり
東京と神奈川を中心に
190万人が被災
死者・行方不明者は
約10万5000人
日本の自然災害史上
最大の犠牲者が
出てしまいました
こうした自然災害の
恐ろしさについては
わたしたちも
「東日本大震災」で
身をもって知ります
災害への備えは
いつも心のどこかに
置いておきたいものです
非常
水
水

歴史上の事件
1925年
普通選挙法が成立

選挙、いく？ 25歳になってから

①⑨②⑤

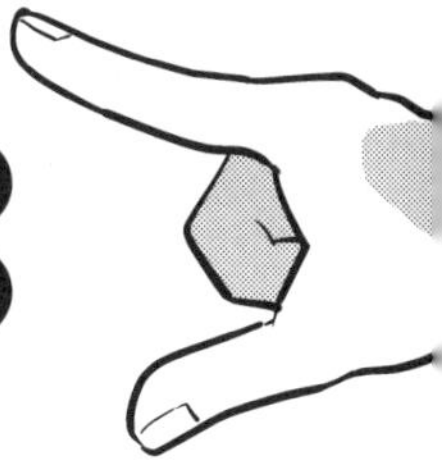

1925 選挙、いく？25歳になってから

大正時代は
「大正デモクラシー」の
時代です
労働運動や
女性解放運動が広がる
また娯楽誌
「キング」が
創刊されたりして
ポップカルチャーも
盛り上がりました
KING キング
そもそも
「デモクラシー」とは
なにか？
この時期に活躍した
政治学者・吉野作造は
「民本主義」と訳しました
当時は帝国憲法ですから
「民主主義」とはいえない
しかしだいじなのは
「誰に主権があるか？」
ではなく
「誰のための主権か？」
政治権力の
究極の目的は
一部の特権階級の
ためではなく
「ふつうの人々の
幸福・利益」にある
こうした考えかたが
出てきた時代
1925年に
「普通選挙法」が成立します
これで
「上級国民」だけでなく
原則的に25歳以上の男子は
みんな投票できる
ことになりました（＊
投票場

＊ただし女性が選挙権を獲得するのは太平洋戦争の敗戦後になります

③① さいぞ！満州事変

1931
陰謀くさいぞ！ 満州事変
1931年
満鉄線路が爆破される
「中国兵による爆破」と
発表されますが
実は現地に
駐留する
関東軍の
「自作自演」
でした。
関東軍は
この事件を口実にして
満州（中国東北部）で
軍事行動を起こす
「満州事変」です
ちなみに「事変」とは
宣戦布告がないまま
行われる武力行為のこと
当時の第2次若槻内閣は
紛争を拡大しないように
求めますが
関東軍は半年で
満州の主要地域を
占領する
現代では
周到に計画された
陰謀だったことが
明らかになっていますが
この事変が
「現地軍が突出しても
結果がついてくればヨシ
むしろ暴走して優柔不断な
政府を引きずり込んで
しまってヨシ」
という先例を
つくって
しまいました
またメディアも
戦争を煽り
世論も軍の動きに
熱狂していきます
守れ満州帝国
日本
ゴゴ
＊歴史上の事件＊
1931年
満州事変
① ⑨
陰謀く

1933 退 行く道々、

1933

連盟脱退 行く道々、下り坂

「満州事変」によって
東北部を占領された中国は
国際連盟に提訴
国際連盟は
事態解明のため
リットン調査団を
派遣します
日本軍は
満州国を
つくったのですが
リットン調査団は
それを「**中国側の**
自発的な動きでつくられた」
とは認めませんでした
国際連盟は日本に
満州国の承認を取り消し
軍を撤退するよう
求めます
日本は撤退せよ!
この決議への
賛成は42
反対は1(日本)
棄権が1でした
撤退!!
満州から出てい
この結果に日本はブチギレ
代表の松岡洋右《まつおかようすけ》が
議場から退場
13年間加盟し
常任理事国を務めてきた
国際連盟を脱退します
世論は脱退を
大喝采で迎えます
連盟よさ
我が代表堂々退場す

連盟脱
下り坂

＊歴史上の事件＊

1933年

日本、
国際連盟脱退

歴史上の事件
1936年
二・二六事件

1936
行くさ、無謀に。二・二六

1929年 アメリカ株式市場が大暴落
「世界恐慌」となります
銀行
日本も「昭和恐慌」に陥りました
その後 円安に乗って輸出を拡大しますが 農村は疲弊したまま
当時 陸軍には「皇道派」と「統制派」という ふたつの派閥がありました
皇道派
統制派
そのうち 皇道派の青年将校たちが 地方の疲弊に同情して クーデターを起こす 「二・二六事件」です
政治が よくならないのは 天皇陛下のまわりにいる ヤツらが悪いからだ
彼らはそう考えて 首相をはじめ要人を襲撃 高橋是清蔵相らが殺される
昭和天皇は断固鎮圧を指示 反乱は失敗に終わります
しかし世論は 将校たちに同情的でした この事件ののち 政府はますます 軍のいいなりになります

*2月26日に決起したので「二・二六事件」と呼ばれます

行くさ、無謀に。二・二六
1936

＊歴史上の事件＊

1937年

日中戦争

盧溝橋事件をきっかけに
全面戦争へ

退く道な《1937》かった？
日中戦争

1937

退く道なかった？日中戦争

1937年
北京郊外の盧溝橋で
訓練中の日本軍と
中国軍が交戦
この小さな武力衝突が
発端となり
紛争がどんどん
拡大していく
当時の中国は
国民党と共産党の
内戦に陥っていましたが
「抗日」のために停戦します
和平の試みは
あったのですが
けっきょく日本は
中国との全面戦争に
踏み込んでいった
「一撃がつんと
食らわせたら中国は
すぐ降伏するだろう」
そんな考えも
ありましたが
甘かった
首都南京を陥落させ
多くの人を殺害しても
中国は降伏せず
抗日戦争を継続
日本では1938年に
「国家総動員法」が成立
どんどん全体主義に
この日中戦争が
さらに太平洋戦争にまで
つながってしまうことに
なりました

1940 ひとり暮らしをやめちゃった

1940

同盟で ひとり暮らしを やめちゃった

国際連盟を脱退し
孤立していく日本に
手を差し伸べてきた国
それが
ドイツ
すでにヨーロッパは
第二次世界大戦に入り
フランスは降伏
ドイツはイギリスと
戦っていました
ドイツと同盟すると
イギリスを支援する
アメリカを敵に
まわしてしまう!
反対だ!!
いや
ドイツの勢いに
乗るべき!
ドイツ号
勝利
反対もありましたが
「日独伊三国同盟」が
締結されます
これで
対英米戦争は
避けられなく
なった……
いや
新時代の
秩序だ!
この年
近衛首相を総裁にして
大政翼賛会が
結成されました
アメリカは
インドシナ半島に進出した
日本に経済制裁を強化
戦争回避に向けた
交渉は続けられますが
「開戦するしかない」という
空気が高まっていきます

同盟で

＊歴史上の事件＊

1940年

日独伊三国同盟成立

用《❹》意《❶》 日米開戦

＊歴史上の事件＊

1941年

太平洋戦争開戦

1941

従軍用意　日米開戦

①⑨ 従軍

1941年12月
日本は真珠湾に
奇襲攻撃を行い
アメリカ・イギリスとの
戦争に突入しました
この戦争について
近年では
日中戦争とあわせて
「アジア・太平洋戦争」と
呼ばれるように
なってきています
作家山田風太郎が
「同日同刻」という本で
開戦当日のいろんな人の
証言を伝えています
太宰治
「私の人間は変ってしまった。
強い光線を受けて、
からだが
透明になるような感じ」
それを見ると当時の人々の
「アメリカに抑えつけられて
ずっと耐えてきた」
という気分が伝わってきます
国際世論は
日本を批判する
しかし日本人自身は
自分たちをむしろ
被害者だと思っていた
開戦前夜
米内光政《よないみつまさ》元首相の
ジリ貧を
避けようとして
ドカ貧にならぬよう
ご注意願いたい
という言葉が
有名ですが
「たとえドカ貧になっても
勝負に出てしまいたい」
そんな空気が
伝わってきます

1945 いくよ ごめんね ポツダム宣言

1945
いくよごめんね ポツダム宣言

歴史上の事件
1945年
ポツダム宣言受諾

日本とアメリカの
国力は大きな差が
ありました
アメリカの攻勢が
本格化すると
日本の勝利は
もやは絶望的に
なっていく
しかし戦争は続けられ
犠牲は増え続けます

1945年になると
沖縄戦や
各地の空襲など
民間人の被害も大きくなり
ついに8月　広島と長崎に
原子爆弾が投下される
さらに「日ソ中立条約」を
無視してソ連が日本に宣戦
満州　朝鮮に侵入する

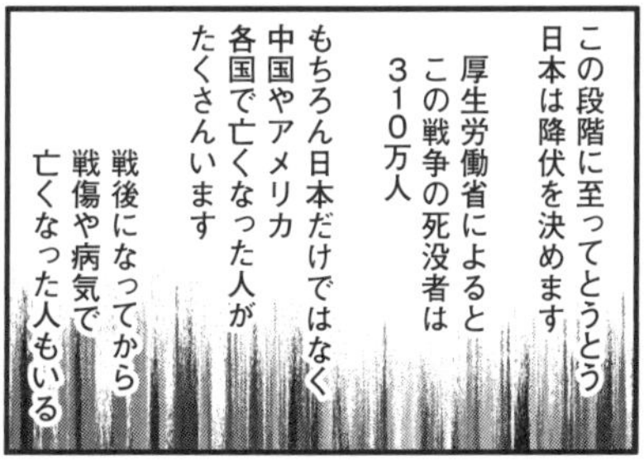
この段階に至ってとうとう
日本は降伏を決めます
厚生労働省によると
この戦争の死没者は
310万人
もちろん日本だけではなく
中国やアメリカ
各国で亡くなった人が
たくさんいます
戦後になってから
戦傷や病気で
亡くなった人もいる

それだけの
大きな犠牲を払って
なにを得たのか？
なにをもたらしたのか？
歴史は
私たちに
問いかけます
戦没者慰霊事業は
現在も続いています
戦没者慰霊

歴史上の事件

1946年 日本国憲法公布

1946 いま9条、読む 日本国憲法

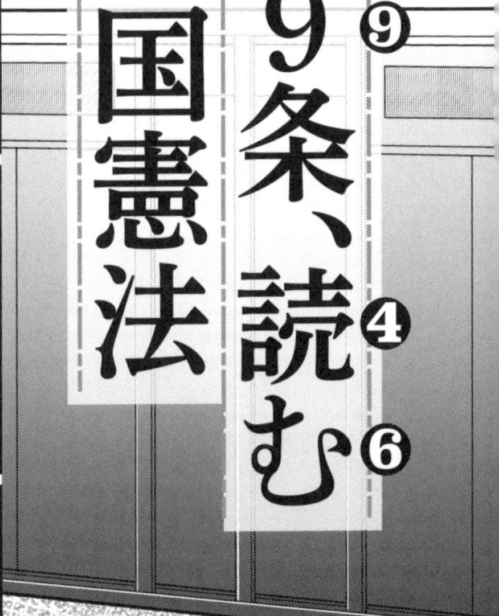

1946年 GHQ(*)の
間接統治下にあった日本は
「日本国憲法」を発布
これには「主権在民」と
「紛争解決手段としての
戦争の放棄」が
明記されています
揉めごとを
武力で解決しない
これはかつての
国際連盟の理念でもあり
現在の国際連合憲章にも
引き継がれています
第二次世界大戦後
西側諸国は
人類史上空前の
発展を遂げました
日本や
ドイツも
「高度成長」を
達成します
さらに新興諸国が
続いて発展しました
しかし
21世紀に入り
世界は
人々の予想を
超えて
変化していく
理想と現実がせめぎあう中で
あらためて人の価値観が
問いなおされる時代に
なっています
今 自分はどこにいるのか?
それを知るために
歴史はますますだいじです

*連合国軍最高司令官総司令部

監修
本郷和人
（東京大学史料編纂所教授）

企画 編集 テキスト
堀田純司
（作家、漫画原作者）

漫画
瀬川サユリ
（漫画家）

装丁 本文デザイン
企画協力
中村忠朗
（ARTEN）

校閲
西村いづみ
下平千恵

主要参考文献

『詳説 改訂版 日本史B』（山川出版社）
『日本史B 新訂版』（実教出版）

東大教授監修
ウケるゴロ合わせ 日本史編
イヤでも覚える 基本重要事項98

2023年4月11日　第1刷発行
2023年7月21日　第3刷発行

著者――本郷和人　堀田純司　瀬川サユリ

発行者――山本周嗣

発行所――株式会社 文響社
〒105-0001
東京都港区虎ノ門2丁目2-5
共同通信会館9F
ホームページ　https://bunkyosha.com
お問い合わせ　info@bunkyosha.com

印刷・製本――中央精版印刷株式会社

編集――畑北斗

装丁・本文デザイン―中村忠朗(ARTEN)

ISBN 978-4-86651-617-2